福建省高速公路施工标准化管理系列指南

福建省高速公路施工标准化管理指南
Fujian Sheng Gaosu Gonglu Shigong Biaozhunhua Guanli Zhinan

第二分册　路基工程
Di-er Fence　　Luji Gongcheng

（第三版）

福建省高速公路建设总指挥部　组织编写

人民交通出版社

北　京

内 容 提 要

本书为《福建省高速公路施工标准化管理指南 第二分册 路基工程》(第三版),系在现行高速公路路基工程设计、施工、验收等相关标准、规范基础上,总结福建省多年来高速公路建设实践经验编制而成。本书图文并茂地对路基工程施工工序、技术、工艺和管理进行说明,将规范化管理、标准化施工的理念贯穿于施工管理全过程。本书对于规范高速公路路基工程施工,克服质量通病,提高管理水平,保证施工质量和安全生产有很好的指导作用。

本书适用于福建省所有新建、改(扩)建高速公路项目(含连接线)路基工程施工管理,也可供其他省份相关管理与技术人员参考使用。

图书在版编目(CIP)数据

福建省高速公路施工标准化管理指南. 第二分册, 路基工程 / 福建省高速公路建设总指挥部组织编写.
3版. — 北京 : 人民交通出版社股份有限公司, 2024.
12. — ISBN 978-7-114-20043-4
Ⅰ. U415.1-62
中国国家版本馆 CIP 数据核字第 2025LK6853 号

福建省高速公路施工标准化管理系列指南

书　　名:	福建省高速公路施工标准化管理指南 第二分册 路基工程(第三版)
著 作 者:	福建省高速公路建设总指挥部
责任编辑:	师静圆　朱伟康
责任校对:	卢　弦
责任印制:	张　凯
出版发行:	人民交通出版社
地　　址:	(100011)北京市朝阳区安定门外外馆斜街 3 号
网　　址:	http://www.ccpcl.com.cn
销售电话:	(010)85285857
总 经 销:	人民交通出版社发行部
经　　销:	各地新华书店
印　　刷:	北京市密东印刷有限公司
开　　本:	880×1230　1/16
印　　张:	7
字　　数:	155 千
版　　次:	2024 年 12 月　第 3 版
印　　次:	2024 年 12 月　第 1 次印刷
书　　号:	ISBN 978-7-114-20043-4
定　　价:	70.00 元

(有印刷、装订质量问题的图书,由本社负责调换)

福建省高速公路施工标准化管理系列指南

编 委 会

主　　任：陈岳峰

副 主 任：潘向阳　　陈礼彪

委　　员：许文章　　蒋建新　　黄朝光

本书编写人员

主　　编：陈礼彪

副 主 编：刘光东　　林志平

参编人员：黄　键　　刘代文　　熊海宁　　李　音

　　　　　许　晟　　马锐华　　高　登　　姜雪亮

主编单位：福建省高速公路建设总指挥部

　　　　　福建省高速公路集团有限公司

参编单位：福建省高速公路学会

前 言

2013年12月，我部组织对"福建省高速公路标准化管理系列指南"进行了第一次修编，各参建单位通过近十年的认真贯彻和执行，取得了较好的成效，有效控制了工程质量安全，提高了建设管理水平。党的十八大以来，党中央提出贯彻"创新、协调、绿色、开放、共享"五大发展理念，我国进入了高质量发展的新阶段。《交通强国建设纲要》《质量强国建设纲要》《国家综合立体交通网规划纲要》的陆续发布，开启了我国交通运输建设的新篇章。福建省也积极响应，全力开展交通强国先行区建设。根据福建省委、省政府发布的《福建省综合立体交通网规划纲要》，未来一段时间福建省高速公路将进入新一轮的建设高峰。为更好地贯彻落实交通强国、质量强国的要求，把握新发展阶段，贯彻新发展理念，构建新发展格局，全方位推动福建省高质量发展，更好地"服务发展、服务民生、服务国防建设"，推动福建省高速公路建设向更高速度、更高水平、更高质量发展，我部组织对"福建省高速公路标准化管理系列指南"进行了第二次修编。

本次修编是在近十年"福建省高速公路标准化管理系列指南"使用的基础上，针对使用过程中存在的问题和不足，结合最新的标准、规范、规程，以及交通运输部关于创建绿色公路、平安百年品质工程等工作要求，吸纳已广泛应用的新技术、新工艺、新材料、新设备等和其他省（区、市），以及铁路、市政、建筑等行业可借鉴的经验做法，体现了新时代福建省高速公路建设管理"标准化、均质化、工业化、智能化、绿色化"的具体要求。修编后的"福建省高速公路施工标准化管理系列指南"共七个分册，包括工地建设、路基工程、路面工程及交通安全设施、桥梁工程、隧道工程、生态保护与恢复、工程信息化管理。

本书为第二分册"路基工程"，本次修订的内容主要包括：

（1）对原指南章节进行了调整：取消第六分册"高边坡与滑坡工程"，将该册内容列为第二分册第5章"路基防护与支挡工程"。将原第二分册第7章"涵洞与通道"章节内容调整到桥梁工程分册。取消第10章"取弃土场的整治"，将相关内容并入第3章、第8章的"取土与弃土"小节，将"路基排水"改为"路基排水工程"；将"路基边坡防护"改为"路基防护与支挡工程"，将"特殊路基处理"改为"特殊路基"。

（2）新增第7章"雨期路基施工"、第8章"路基施工安全"、第9章"路基施工环境保护"，将原指南各章节的"安全文明与环保水保"内容并入第8章、第9章相关小节；增加品质提升、高边坡刷方、土石路堤、路基拓宽改建、泡沫轻质土路堤、边坡平台排水、边坡井点降水、边坡泄水隧洞、滑坡地段路基等小节内容。

（3）对各章节内容重新进行了梳理、归并和修改。

本指南可供高速公路项目各参建单位、参建人员使用。使用过程中发现的问题和修改意见，请反馈至福建省高速公路建设总指挥部建设管理部（福州市东水路18号交通综合大楼21F,,邮编350001），以便修订时参考。

福建省高速公路建设总指挥部
2024 年 12 月

目 录

1 总则 ………………………………………………………………………… 1
　1.1 目的及范围 …………………………………………………………… 1
　1.2 编制依据 ……………………………………………………………… 1
　1.3 总体要求 ……………………………………………………………… 1
　1.4 章节划分 ……………………………………………………………… 2
2 施工准备 …………………………………………………………………… 3
　2.1 一般规定 ……………………………………………………………… 3
　2.2 施工测量 ……………………………………………………………… 4
　2.3 作业条件 ……………………………………………………………… 5
3 一般路基 …………………………………………………………………… 8
　3.1 一般规定 ……………………………………………………………… 8
　3.2 挖方路基 ……………………………………………………………… 9
　3.3 填土路堤 ……………………………………………………………… 13
　3.4 填石路堤 ……………………………………………………………… 18
　3.5 填挖交接处理 ………………………………………………………… 20
　3.6 高路堤与陡坡路堤 …………………………………………………… 20
　3.7 台背与墙背填筑 ……………………………………………………… 22
　3.8 冲击增强补压 ………………………………………………………… 24
　3.9 路基拓宽改建 ………………………………………………………… 25
　3.10 泡沫轻质土路堤 …………………………………………………… 27
　3.11 取土与弃土 ………………………………………………………… 28
4 路基排水工程 ……………………………………………………………… 31
　4.1 一般规定 ……………………………………………………………… 31
　4.2 地表排水 ……………………………………………………………… 31
　4.3 地下排水 ……………………………………………………………… 35

5 路基防护与支挡工程 41
5.1 一般规定 41
5.2 浆砌片(块)石及混凝土预制块防护 41
5.3 护面墙防护 43
5.4 挡土墙防护 44
5.5 边坡锚固 46
5.6 抗滑桩工程 54
5.7 土钉支护 55
5.8 柔性防护网系统 57

6 特殊路基 60
6.1 一般规定 60
6.2 滑坡地段路基 60
6.3 强夯置换处理 62
6.4 软基挖除换填处理 63
6.5 软基垫层处理 64
6.6 软基反压护道处理 65
6.7 软基砂桩、碎石桩处理 66
6.8 软基水泥粉煤灰碎石(CFG)桩处理 67
6.9 软基静压桩处理 69
6.10 河、塘、湖泊(水库)、海地区路基施工 71

7 雨期路基施工 73
7.1 一般规定 73
7.2 雨期路堑开挖 74
7.3 雨期填筑路堤 74

8 路基施工安全 76
8.1 一般规定 76
8.2 防火、用电、照明和通风 77
8.3 施工排水 78
8.4 施工机械设备使用 78
8.5 既有结构物拆除 79

8.6	路堑、基坑和沟槽开挖	80
8.7	路堤和路床填筑	82
8.8	支护结构和排水设施施工	82
8.9	取土与弃土	85

9 路基施工环境保护 87
- 9.1 一般规定 87
- 9.2 土地资源利用与水土保护 87
- 9.3 生态保护与生态恢复 89
- 9.4 水资源保护与废弃物污染控制 89
- 9.5 空气污染控制 90
- 9.6 噪声和振动控制 91
- 9.7 文物保护 92

10 路基整修与路槽交接 93
- 10.1 路堤整修 93
- 10.2 路堑整修 94
- 10.3 路基交接验收 96

11 路基监测与观测 97
- 11.1 一般规定 97
- 11.2 软基工程观测 97
- 11.3 路堑边坡或滑坡监测 98
- 11.4 高路堤稳定和沉降观测 101

1 总则

1.1 目的及范围

1.1.1 为规范高速公路路基工程施工,克服质量通病,提高管理水平,保证施工质量,提升工程品质,编制本指南。

1.1.2 本指南适用于福建省所有新建、改(扩)建高速公路项目(含连接线)路基工程施工管理。

1.2 编制依据

1.2.1 国家,中国工程建设标准化协会、交通运输部等工程建设标准主管部门发布的与路基工程相关的文件、标准、规范、规程和指南。

1.2.2 福建省颁布施行的有关施工管理的文件规定。

1.2.3 行业内通用的先进施工工艺和管理办法。

1.3 总体要求

1.3.1 路基施工必须严格遵守国家和行业的安全生产法律、法规,积极改善施工条件,制订切实可行的施工方案和安全生产措施,确保施工人员的安全和作业人员的身体健康。

1.3.2 路基施工除应符合本指南的要求外,尚应符合国家颁布的现行有关标准、规范的规定。

1.3.3 路基施工应树立环保理念,坚持按照"统筹规划、合理布局、保护生态、有序发展"的原则,加强文明施工管理措施,减少废水、弃渣、扬尘、油污等对周边环境的污染。

1.3.4 路基施工应着重从工序、技术、工艺和管理的角度入手,更加有效地消除路基施工的质量通病,提高施工管理水平。

1.3.5 路基施工应积极引导项目管理创新和工艺、技术及装备创新,合理地推行管理数字化及施工装备的专业化、智能化。

1.3.6 开展工程施工安全风险评估,建立工程安全、质量重难点分析清单,实现安全、质量风险可知、可控。

1.4 章节划分

本指南共十一章,分别为总则、施工准备、一般路基、路基排水工程、路基防护与支挡工程、特殊路基、雨期路基施工、路基施工安全、路基施工环境保护、路基整修与路槽交接、路基监测与观测。

2 施工准备

2.1 一般规定

2.1.1 相关参建单位首先应熟悉设计文件,了解设计标准及意图,熟悉设计内容,对设计文件中的错误、遗漏或与实际不相符之处应进行汇总提出。审核内容主要为各项构造物和设施的设计说明、结构与断面类型、结构尺寸、技术数据(如导线点、水准点、设计高程、平曲线、竖曲线、纵横坡、超高加宽、线路各位置点坐标等数据)、工程数量和施工图表等。

2.1.2 路基工程开工前,应核查线路排水系统设计是否完善、合理,确保工程施工及完工后排水顺畅。

2.1.3 路基工程开工前,应完成施工安全风险评估及相关审查工作;根据设计文件、施工合同要求和现场实际情况,编制施工组织设计、专项施工方案、相关各项应急预案等,按规定程序进行审查、报批。

2.1.4 临时工程宜与永久工程相结合,临时工程应满足正常施工需要,保证路基施工影响范围内原有道路、结构物的使用功能,保护农田水利设施等。

2.1.5 各分项工程开工前,应确保各生产要素已到位,已完成首件工程或试验段总结,且施工方案和开工报告按规定已获批复。

2.1.6 施工单位应对各类施工班组、施工人员进行岗前培训和技术、安全交底,重点对特种设备进行性能检定,对特种机械操作人员进行岗前考核,机械操作人员应持证上岗。

2.1.7 路基施工应做好临时排水总体设计,应与永久性排水设施相结合、与自然排水系统相协调。

2.1.8 结合项目特点因地制宜地选择和规划取弃土场的位置,完善场内外便道、防护及排水工程设计。

2.1.9 施工过程中,施工原始记录与施工工序必须同步,工程现场验收与施工资料签认同步,对隐蔽工程必须保留相关影像资料。

2.1.10 绿化工程宜做到"三同步":与路基工程同步准备,与路基边坡防护工程同步实施,与路基工程同步完成。

2.1.11 环保、水保及安全文明施工应满足相关要求。

2.2 施工测量

2.2.1 基本要求:
1 施工单位应熟悉设计文件、领会设计意图。开工前,进行施工调查和现场核对。内容包括:
　1)施工条件:自然条件、地理条件、气象条件、道路交通条件、物资供应条件等;
　2)大型临时设施布置:项目经理部、生活设施、临时便道、便桥、临时用地、临时用电、拌和站、预制厂、材料加工基地等;
　3)施工图现场核对:核对排水系统,路基加固及防护工程,通道、涵洞、沟渠等结构物的位置、方向、高程等情况。
2 做好测量交桩工作,调查水准点、导线点完整性、埋设情况,并在接管工地14d之内将调查情况上报,然后根据提供的测设资料和测量标志,在28d内将复测结果上报。
3 经复核,对有疑异的导线控制点和基准点,施工单位应及时提交书面报告,并由监理单位组织相关参建单位复核确认。
4 施工单位应将施工中全部控制桩以及监理单位认为对放样和检验有用的标桩,进行加固保护,并在水准点、三角网点等处设立易于识别的标志。施工过程中,应保护好所有控制桩点,对破坏的桩点应及时恢复。
5 所有导线、中线、水准点的复测,增设的水准点、横断面复测和补测等工作,测量精度、技术要求等应符合现行《公路勘测规范》(JTG C10)和《公路路基施工技术规范》(JTG/T 3610)的要求。
6 每项测量成果必须进行复核,原始记录应存档。

2.2.2 控制网复测:
1 当原测中线主要控制桩由导线控制时,施工单位应根据设计提供资料计算复核导线控制点,做好检查复测工作。
2 使用导线复测仪器前,应进行标定、检验校正,仪器标定、校正报告复印件报监理单位备案。

3　原有导线点不能满足施工要求时,应增设满足相应精度要求的附合导线点。

　　4　相邻标段的导线应闭合,并满足同等级精度要求。

　　5　对可能受施工影响的导线点,施工前应加以固定或改移,且施工期间应保证其精度。

　　6　对导线桩点应进行不定期检查和定期复测,复测周期应不超过6个月。

2.2.3　水准点复测：

　　1　交付的水准点,首先应对其进行复核,并与国家水准点闭合;超出容许误差范围时应查明原因,并及时向相关部门汇报。

　　2　沿路线每200m设一个水准点。在结构物附近、高填深挖地段、工程量集中及地形复杂地段宜增设临时水准点,临时水准点应符合相应等级和精度要求,并与相邻水准点闭合,测设距离不宜大于100m。

　　3　水准点有可能受施工影响时,应进行加固或改移处理。

　　4　对水准点应进行不定期检查和定期复测,复测周期应不超过6个月。

2.2.4　中线放样：

　　1　路基施工前,应采用坐标法进行全段中线放样,并固定路线主要控制桩。

　　2　中线放样时,应注意路线中线与结构物中心、相邻施工段的中线闭合,发现问题应及时查明原因并处理。

　　3　如发现设计中线长度丈量错误或需局部改线时,应做断链处理,并在设计图表的相应部位注明断链距离和桩号。

2.2.5　路基放样：

　　1　路基施工前,应对原地面进行复测,核对或补测横断面,发现问题应及时处理。

　　2　路基施工前,应设置标识桩。将路基用地界、路堤坡脚、路堑坡顶、取土坑、护坡道、弃土堆等的具体位置标识清楚。横断面施测还应反映地形、地物、地质的变化,标出相关水位、土石分界等。

　　3　横断面测量应逐桩施测,断面布置数量及横向测点应与设计对应,施测宽度应满足路基及排水设施的需要。

　　4　对深挖高填路段,每挖填3~5m或者一个边坡平台(碎落台)应复测中线和横断面。

2.3　作业条件

2.3.1　基本要求：

　　1　施工单位应按设计图纸进行用地放样,确定路基施工界线,对需保留的植被、地下构造物及其他重要设施等应进行保护。

2 场地清理和拆除工作完成后,应由监理单位检查验收,合格后方可进行下一道工序施工;同时,拆除、清理及回填压实后,施工单位应重测地面高程及横断面。

2.3.2 清理场地:

1 对路基用地范围内的树木、灌木丛等应在清表前砍伐或移植,砍伐的树木应堆放在路基用地之外,并妥善处理。对于路堑路段的边坡开挖线至截水沟范围的原生植被应予以保留(图2.3.2-1)。

图2.3.2-1 截水沟范围的原生植被应予以保留

2 路基用地范围内的垃圾、有机物残渣及原地面以下至少100～300mm内的草皮、农作物的根系和表土应予以清除;场地清理完成后,应全面进行填前碾压,使其压实度达到规定要求。

3 原地面清表土、种植土应有序集中堆放,便于后续场区绿化与土地复耕。

4 路基与取土场范围内的植被根系应挖除(图2.3.2-2),路基范围内的根系坑穴需采用合格填料分层填平夯实。

图2.3.2-2 路基清表

5 路基跨越河、塘、湖、海等地段时,施工单位应修筑围堰、排除积水,清除不适宜的材料,并按设计图纸和施工技术规范要求进行填前处理。

2.3.3 拆除与挖掘:

1 路基用地范围内的旧桥梁、旧涵洞、旧路面和其他障碍物等应予以拆除,对正在使用的道路设施及构造物,在满足其正常使用功能替换后,方可拆除。

2 原有结构物的地下部分,其挖除深度和范围应符合设计图纸要求。当拆除工程对周围相邻建筑物安全可能产生危险时,应采取相应的保护措施。

3 所有指定为可利用的材料,都应避免不必要的损失,有序堆置于指定区域。对于废弃材料,施工单位应妥善处理。对于拆除施工造成的坑穴,需按要求回填夯实。

3 一般路基

3.1 一般规定

3.1.1 路基施工应做好施工期临时排水总体规划和建设,临时排水设施应与永久性排水设施综合考虑,并与工程影响范围内的自然排水系统相协调。排水系统应确保路基不受水的侵害以及雨水不冲淹农田、淤积河道,并与自然水系顺接。

3.1.2 路基填料应满足规范要求。开工之前,应进行路基试验段施工并总结,以确定适宜的施工工艺参数。

3.1.3 路基施工需采用动态设计与信息化管理。施工准备和施工过程中应加强地质调查,核查设计与实际地质情况是否相符,并根据实际地质情况等信息实行动态管理。

3.1.4 加强各工序间的衔接,各类沟槽、基坑开挖后宜尽快封闭,严禁雨水浸泡。

3.1.5 对于爆破器材的存放地点、数量、警卫、收发、安全措施等,应报监理单位审核并经相关部门批准。施工单位应检查爆破器材存放地点的安全情况,建立爆破器材现场点验台账,业主单位应监督施工单位落实爆破器材安全管理职责。对委托第三方实施爆破作业的施工,应对第三方爆破作业单位资质提出要求并进行核验,同时应加强相应爆破单位的安全技术交底及爆破材料管理等要求。

3.1.6 路基上的电缆槽、声屏障基础、预埋管线、综合接地等宜与路基同步施工,不得因其施工而损坏、危及路基的稳固与安全。

3.1.7 高填方路堤应优先安排施工,施工过程应按设计要求进行沉降观测、控制填筑速率。

3.1.8 相关工程及附属设施施工时,应防止路基污染,做好成品保护。

3.1.9 填筑路基、路堑高边坡、路堤高边坡应及时开展同步监测工作;宜优先采用智能化、自动化监测技术。

3.1.10 路基填筑不宜采用土石混填,如需采用,需经建设单位及监理单位同意,并符合有关规定。

3.2 挖方路基

3.2.1 土质路堑开挖:

1 施工工序:土质路堑开挖施工工序如图3.2.1所示。

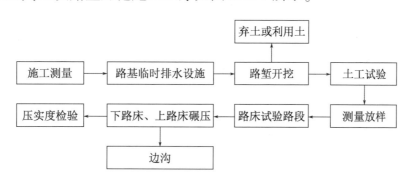

图3.2.1 土质路堑开挖施工工序

2 施工要点:

1)优先完成截水沟及临时排水设施施工,确保施工作业面不积水;截水沟位置按设计要求设置,如设计无要求,则土层和软质岩在坡顶3~5m范围内、硬质岩在坡顶2m以外设置截水沟,并与排水系统连接顺畅。

2)可作为种植土、路基填料的土方需分类开挖、堆放和使用。非适用材料应按设计要求弃方或按相关规定处理。

3)土方开挖应自上而下进行,且开挖一级防护一级。严禁乱挖、超挖、掏底开挖等,避免边坡塌滑、人员伤亡等安全隐患。

4)开挖至零填、路堑路床部分后,应尽快进行路床施工;如不能及时进行,应在设计路床顶高程以上预留至少30cm厚的保护层。

5)挖方路基路床顶面终止高程,应预留因路床基底压实而产生的下沉量,预沉量通过试验确定。

6)路床施工前应先开挖排水边沟,防止雨水危害路床;路床需要换填时,应按设计要求进行,其压实度应满足现行《公路路基施工技术规范》(JTG/T 3610)的指标要求。

7)当路床含水率高或为含水层时,应采取设置盲沟、换填、改良土质、土工织物等处理措施,路床填料除应满足规范要求外,还应具有良好的水稳性和透水性能。

8)路床表层以下为非适用性土、含水层时,不满足CBR(加州承载比)值要求,又或者整理完成的路槽弯沉测试值不合格时,应换填强度符合规范要求的填料。换填深度应满足设计要求,一般为80~100cm,并应分层回填压实,且压实度应满足规范要求。

9)在填挖交界处,应在路堑端挖台阶与填方路堤相衔接,台阶宽度不宜小于压路机碾压宽度,一般不小于2m,台阶平面设置2%~4%的倒坡;路床顶面横向衔接长度不宜小于5m。

10)取弃土场应按设计和相关规定处理,防止水土流失。

11)土方路堑开挖应根据地面坡度、开挖断面、纵向长度及出土方向,结合土方调配距离,选用安全、经济的开挖方案。

12)雨季施工地段,需做好防洪、防水、排水等措施,制订应急预案。对土质渗水路堑、截水沟、排水沟,应及时铺砌或完善防排洪措施;施工人员应配备雨季劳保用品,并进行雨季施工和防洪抢险教育。

3 质量控制:

1)土质路堑开挖应优先进行边沟及截、排水设施施工。

2)路堑开挖应按设计断面测量放样,边开挖边整形,坡面应平顺、稳定,不得亏坡,曲线圆滑;路基表面应平整,边线直顺。

3)护坡道、碎落台按设计要求设置,外形整齐、美观,防止水土流失。

4)路床顶面检验弯沉值应满足设计和规范要求。

5)实测项目质量应符合现行《公路工程质量检验评定标准 第一册 土建工程》(JTG F80/1)的规定。

3.2.2 石质路堑开挖:

1 施工工序:石方爆破施工工序如图3.2.2所示。

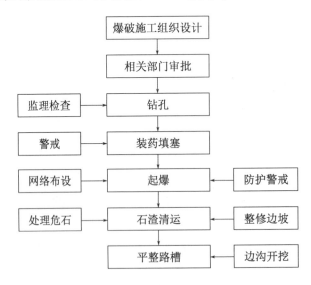

图3.2.2 石方爆破施工工序

2 施工要点:

1)石方开挖应根据岩石的类别、风化程度、节理发育程度、岩层产状和施工环境等确定开挖方案。石方爆破开挖路基应以光面爆破、预裂爆破等技术为主,禁止采用大爆破施工;软弱松散岩质路堑宜采用分层开挖、分层防护及坡脚预加固技术。

2)爆破法开挖石方,应查明空中缆线、地下管线的位置,以及开挖边界线外可能受爆破影响的建(构)筑物结构类型、居民居住及出行情况等,并制订详细的爆破技术安全方案,对不能满足安全距离的石方宜采用化学静态爆破或机械开挖。

3)收集现场地质、地层、地形、地貌数据加以分析,制订最优爆破方案。

4)严格检查爆破所需的各种器材。各器材应有出厂合格证书。

5)所有爆破技术人员和现场操作人员必须进行上岗培训,并取得资格证书,方可进行爆破作业。委托具有相应资质的爆破单位作业时,爆破单位应负责制订爆破作业方案,并组织现场实施,确保作业安全。

6)对起爆顺序和起爆方式要进行分析和比较,以达到最佳效果。现场施工时,起爆网络连接要严格按要求和规范执行。

7)应加强装药过程的控制:严格按设计控制药量,不能少装或多装;间隔段填充物要均匀;按岩石粉的自然密度装药,严禁捣实,堵塞的长度按要求安装。

8)爆破前必须检查起爆网络,确保爆破顺利。

9)爆破施工宜按以下程序进行:测量标定炮孔位置、钻孔、炮孔检查、爆破器材准备、装药、连接爆破网络、布设安全岗哨、炮孔堵塞、爆破覆盖、起爆信号、起爆、消除瞎炮、处理危石、解除警戒、石方清运、爆破效果分析及资料记录。

10)挖方边坡应从开挖线往下分级开挖,每下挖2~3m,应对新开挖边坡进行刷坡。对于软质岩石边坡可用人工或机械清刷;对于坚硬和次坚硬岩石边坡,可使用炮眼法、裸露药包法爆破清刷边坡。同时应自上而下清除危石、松石,在弃土下方和滚石危及范围内的道路、场区等,应设警示标志,派安全员值守,严禁人车通行。坡面施工人员须戴安全帽,严禁在危石下方作业、停留和存放机具。边坡上方有人工作时,边坡下方严禁站人。清刷后的石质路堑边坡,实际坡度不应大于设计值。

11)爆破完毕,需及时清运爆破石方。边坡开挖、装运需错开作业,严禁上、下工作面同时作业;清理完毕后,应测量路床高程,高出设计高程的部分需铲出;低于设计高程时需采用稳定碎石、级配碎石填平并碾压密实。边坡修整表面破碎岩石需全部清除,按设计要求进行刷坡。

12)石质路床底面有地下水时,横向渗沟应与边沟主渗沟连通。横向渗沟宽度应满足设计要求,若设计无要求,横向渗沟宽度不宜小于30cm,沟底流水坡度不宜小于1%,接口处的高程不得高于主渗沟的沟底流水面高程。横向渗沟低于边沟则应在路肩下设纵向渗沟,纵向沟底应低于地下水位至少10cm,宽度不宜小于60cm;纵向渗沟由填方路段引出。渗沟应填碎石,并与路床同时碾压到规定的压实度。

3 质量控制:

1)石质路堑边坡开挖应采用光面爆破或预裂爆破技术,边坡坡面不得有松石,路基边线直顺、曲线圆滑。竖孔炮眼残留率不应低于85%;对于中硬质岩石,边坡不平整处不应超过±15cm;对于软质岩石,边坡不平整处不应超过±10cm。

2)实测项目质量应满足现行《公路工程质量检验评定标准 第一册 土建工程》(JTG F80/1)的规定。

3)石质边坡碎落台应与边沟底部开挖同高,以确保绿化覆土具有足够厚度。

3.2.3 高边坡挖方：

1 施工工序：挖方高边坡开挖纵断面如图 3.2.3 所示。

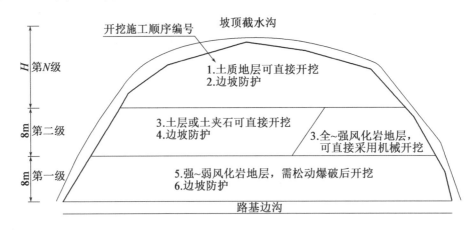

图 3.2.3 挖方高边坡开挖纵断面示意图

2 施工要点：

1）挖方高边坡施工应完善坡面排水系统，依次完成坡顶截水沟、平台排水沟及坡面急流槽的施工。

2）高边坡开挖应按设计测量放样，边开挖边整形，坡面应平顺，不得亏坡，曲线应圆顺。

3）高边坡开挖，坡顶至开挖红线内植被应予以保留。坡面稳定的孤石可保留。

4）挖方高边坡挖方应"开挖一级防护一级"，严禁掏底开挖，杜绝因开挖不当而造成的边坡塌滑等现象。松动的土、石块应及时清除，弃土下方和滚石危及范围内的道路，应设警示标志。

5）基于"动态设计与信息化施工"的管理理念，当需调整边坡坡度、截水沟和边沟的位置、坡面防护时，应及时按有关变更规定报批。

6）石质边坡开挖应根据岩石的类别、风化程度、节理发育程度、岩层产状和施工环境等确定开挖方案。对于弱风化或微风化岩体，在距设计坡面 3～5m 范围内应采用光面控制爆破，尽量减少或避免爆破施工对岩体结构的破坏，边坡平整度不应超过 ±10cm。

7）挖方高边坡施工时，边坡平台宽度应满足设计要求。一般边坡平台宽度应不小于 2m，边坡平台宽度 $B \leq 3m$ 时，平台外倾坡度为 4%，平台排水采用预制平台挡水埂；边坡平台宽度 $B > 3m$ 时，平台内倾坡度为 4%，平台排水采用下沉式平台排水沟。

8）边坡挖方开挖一级后，应首先完成平台排水沟和坡面急流槽的施工，确保水流通畅。

9）挖方高边坡平台防护工程施工时，平台应按设计要求设置土工膜防水层，并进行平台硬化封闭。

10）挖方高边坡坡顶为仰坡时，坡顶应设置截水沟。

11）对超挖坡面，应采用浆砌或混凝土填补平顺。

12）开挖工作应与装运作业面相互错开。

13）严禁坡面同段落上下部同时作业。
14）对于滑坡地段,须从两侧向中部自上而下开挖,或按设计要求分段跳槽开挖,禁止全面拉槽开挖。
15）对于坡顶红线外不稳定岩体影响下部施工安全时,应进行清除或加固支护处理。
16）单级边坡开挖完成后,及时复测、修整,并进行施工边坡防护。
17）边坡施工过程中,需防雨水冲刷。
18）提前、充分做好机具和器材的准备。

3 质量控制:
1）边坡坡面平顺,边坡高度、坡度符合设计要求;坡面不得有松石、浮土、超欠挖岩体等。
2）实测项目质量应满足现行《公路工程质量检验评定标准 第一册 土建工程》(JTG F80/1)的规定。

3.3 填土路堤

3.3.1 基本要求:
1 地基处理应按规范相关规定实施,并检验合格。
2 严禁使用含草皮土、生活垃圾、树根和腐朽物质的填料。淤泥、泥炭、冻土、强膨胀土、有机质土及易溶盐超过允许含量的土,不得直接用于路堤填筑;需要使用时,必须采取处理措施,经试验检验合格后,满足设计要求方可使用。
3 路基施工应根据需求配备相应平地机等机械设备,开工报告经批准后方可进行土方填筑施工。
4 路基填筑施工段应测量放样并标记边线。
5 鸡爪地形狭窄山沟地段的填方路堤,路基压实补强不宜采用冲碾压路机,宜采用冲夯设备冲夯或大吨位(32t)压路机振碾。

3.3.2 试验路段:
1 路基施工之前,应进行试验段施工。
2 碾压时采用振动压路机进行施工。碾压过程中,测定并记录不同阶段路基土方密实度及碾压后土层厚度,压实度应满足规范规定的密实度要求。
3 试验路段完成后,应对试验路段施工进行总结,以确定适宜的施工工艺参数:
1）土石方、推土机推平和压路机碾压的工作段长度。
2）能满足要求密实度标准的土层松铺系数。
3）压实遍数及最佳机械组合。
4）压实次数-压实度、含水率-压实度关系曲线。
4 将试验段施工总结上报监理单位批准后,方可开展大规模路基填方施工。

3.3.3 施工工序:路基填筑施工工序如图3.3.3所示。

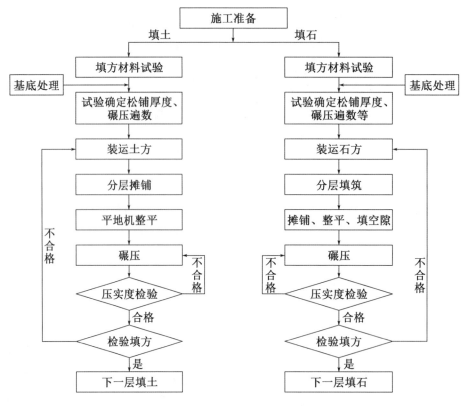

图 3.3.3　路基填筑施工工序

3.3.4　施工要点：

1　土方路堤应分层填筑压实。用透水性不良的土质填筑路堤时,其含水率应控制在允许偏差范围内。

2　填筑路堤宜采用水平分层填筑法施工,即按横断面全宽分成水平层,逐层向上填筑;每填筑一层,经压实合格后,再进行后续施工。

3　路基填筑应按要求设置上料区、摊铺区、碾压区等,并设置标志牌。标志牌应注明施工段落起始桩号及所处的设计压实度区位等信息。不同性质的土应分层、分段填筑。路堤施工应整幅填筑,同一水平层路基的全宽应采用同一种填料,不得混填。同种填料层累计总厚不应小于 0.5m。

4　土方路堤分层填筑的最大松铺厚度应根据试验段确定,原则上不超过 30cm。路床顶面最后一层填筑,最小压实厚度不应小于 10cm。

5　零填路基上下路床 0~80cm 范围内的压实度不应小于 96%。如不符合要求,应翻松后再压实,使其压实度达到规定要求。

6　路堤填土宽度每侧应宽于填层设计宽度 50cm(图 3.3.4-1)。压实宽度不得小于设计宽度,以确保路基边缘压实度满足规范和设计要求。

7　路基顶应设置截水埂,截水埂应开口设置临时排水沟(图 3.3.4-2),间隔不大于 50m,临时排水沟采用机砖砌筑,以免冲刷边坡。

8　上路床 96 区顶层 30cm 应选用透水性良好的材料进行填筑,宜选用砂性土,砂性土物理力学指标对照如表 3.3.4 所示。

图 3.3.4-1 路基超宽图

图 3.3.4-2 路基临时排水沟

表 3.3.4 砂性土物理力学指标对照表

项次	项目	范围
1	液限(%)	<42
2	塑性指数	<12
3	最小干密度(g/cm³)	>1.9
4	颗粒含量(>0.075mm)(%)	>75

9 半填半挖路基,应按设计要求开挖台阶。当挖方区为土质时,应对挖方区路床80cm范围土质进行超挖,再以透水性材料回填碾压,并按照设计要求铺设土工格栅(图3.3.4-3)及设置盲沟;当挖方区为坚硬岩石时,宜采用填石路基。

10 填方路堤分多个作业段施工时,两段交界处应按下述方法处理:如不同时间填筑,则先填段应按1:1坡度分层填筑。每层碾压至边缘,逐层按2m宽碾压后预留台阶,后填段填筑到位时分层填筑碾压;当两段同时施工时,应交替搭接,搭接长度不小于2m。

11 横坡陡峻地段的半填半挖路基,须由填方坡脚向上按设计要求挖台阶,台阶宽度应满足设计及规范要求。

12 高填方路基应优先采用强度高、水稳性好的材料进行填筑,并依据规范与设计要求开展路基沉降和位移观测。

图 3.3.4-3　铺设土工格栅

13　填方路基必须按路面平行线分层控制填土高程,填方作业应分层平行摊铺。分层填筑的各层间应平整,符合平纵坡要求,不得出现积水,以免影响填筑及碾压质量。路基每层填筑严格实行"划格上土(图 3.3.4-4),挂线施工,平地机整平(图 3.3.4-5)"。运输车按要求卸料后,先用推土机粗平,后用平地机精平,依照测量人员埋置的桩位准确铺出符合设计要求的横、纵坡,并形成 2%～4% 双向路拱。每填筑三层要恢复一次路基中线和边线,并每隔 10～20m 左右设置定位桩,以保证路基轴线和宽度的准确性。

图 3.3.4-4　划格上土

图 3.3.4-5　平地机整平

14 碾压前对填土层的松铺厚度、平整度进行检查(图 3.3.4-6),符合要求后方可进行碾压。先静压,后振动碾压,碾压时遵循先两边后中间、先低后高、先内侧后外侧、先静压后振动的原则。压路机的碾压行驶速度不超过 4km/h,应做到无漏压、无死角,确保碾压均匀。碾压达到试验段确定的遍数后,经抽检合格后方可转入下道工序。

图 3.3.4-6 现场平整度检查

15 在路堤边坡防护前,应对路堤边坡进行整修,并清除超宽填筑部分,确保路堤边坡(拱形骨架)防护稳定。

3.3.5 质量控制：

1 路基表面平整,边线直顺,"五度"(即填筑宽度、厚度、平整度、压实度及横坡度)要求合格(图 3.3.5)。

图 3.3.5 路基"五度"控制

2 实测项目质量要求须满足现行《公路路基施工技术规范》(JTG/T 3610)的规定。

3 施工过程中,每填筑 2m 宜检测路线中线和宽度。

4 碎落台、分离式隧道洞口场区需采用土方填筑,厚度不小于 1.5m,禁止填石,确保绿化覆土厚度。

5 分离式路基中央分隔带需设置防水层、排水沟、盲沟等综合防排水措施,并与路基边沟顺接通畅,避免地表水入渗影响路基稳定。

3.4 填石路堤

3.4.1 基本要求：

1 原地面横坡缓于1∶5时，清除表土并压实后可直接填筑在天然地面上；当坡度陡于1∶5时，应将基底挖成台阶。

2 用于路床区的填石，应控制粒径、级配，并应严格控制填筑工艺。

3 膨胀性岩石、易溶性岩石不宜用于路基填筑；强风化石料、崩解性岩石和盐化岩石不得直接用于路堤填筑。

4 填料粒径应不大于50cm，且不宜超过层厚的2/3，路床底面以下40cm范围内，填料粒径应小于15cm，其中小于5mm的细料含量应不小于30%。

5 填石路堤应先边坡码砌再进行腔内填石，路堤两侧应比设计宽度宽50cm以上。

6 填方边坡码砌填石料应为硬质岩和中硬岩石，石料单轴饱和抗压强度不小于30MPa。石块粒径宜大于30cm，码砌石块尽量紧贴密实、无空洞松动。

7 各级边坡码砌坡度应符合设计边坡坡度要求，并按照设计宽度进行码砌，如设计无相关要求，则从下往上单侧码砌，宽度应符合下列要求：第一级码砌水平宽度4.5m；第二级码砌水平宽度3m；第三级码砌水平宽度2m；各级边坡平台应全部码砌。

8 填石路堤第一层码砌底部必须开挖基坑，保证砌体位于原地面以下。

9 填石路基压实机械宜选用自重不小于18t的振动压路机，需配备大功率重型压实机具（冲击夯）进行冲击补强。

10 路基施工前，先修筑试验路段，确定满足表3.4.1中所列标准。

表3.4.1　石料压实质量控制标准表

石质	分区	路面底面以下深度（cm）	摊铺层厚（mm）	最大粒径（mm）	压实干重度（kN/m³）	孔隙率（%）
硬质石料	上路堤	80~150	≤400	小于层厚2/3	由试验确定	≤23
	下路堤	>150	≤600	小于层厚2/3	由试验确定	≤25
中硬石料	上路堤	80~150	≤400	小于层厚2/3	由试验确定	≤22
	下路堤	>150	≤500	小于层厚2/3	由试验确定	≤24
软质石料	上路堤	80~150	≤300	小于层厚	由试验确定	≤20
	下路堤	>150	≤400	小于层厚	由试验确定	≤22

3.4.2 试验路段：

1 按照规范要求通过试验段，确定填石材料的厚度及松铺系数。

2 确定各层次填石路堤所使用的材料、机具、施工方法和施工组织安排。

3 确定路基铺筑施工工艺、填石材料的合理级配及料源操作技术。

4 其余要求见本指南第3.3.2条。

3.4.3 施工工序:填石路基施工工序见本指南图3.3.3。

3.4.4 施工要点

1 填石路基应按试验段指标进行摊铺,控制松铺厚度,剔除超粒径石料,避免出现粗细颗粒离析现象。

2 填石路基应分层填筑、分层压实,分层摊铺厚度及最大粒径应满足表3.4.1的要求。最后一层碎石料粒径应小于15cm,其中小于5mm的细粒含量不应小于30%。当上层为细粒土时,应设置土工布作为隔离层。

3 填石路基逐层填筑时,须专人指挥、水平分层、先低后高、先两侧后中央上料,并用大功率推土机摊平。个别不平处应配合细石块、石屑找平。

4 中硬、坚硬石料填筑的路堤应进行边坡码砌。边坡码砌石料强度、尺寸及码砌厚度应符合设计要求,边坡码砌与路基填筑应基本同步进行(图3.4.4)。

图3.4-4 填石路基边坡码砌

5 当填石路堤的填料岩性差异较大、特别是岩石强度相差较大时,应将不同岩性的填料分层或分段填筑,不得混填。

6 填石路堤碾压时应先两侧(即靠路肩部分)后中间,压实路线对于轮碾应纵向互相平行。

3.4.5 质量控制:

1 填石路堤成型后,应满足外观质量标准。路堤表面无明显孔洞,大粒径石料不松动。

2 边坡码砌紧贴、密实,无明显孔洞、松动,砌块间承接面向内倾斜,坡面平顺。

3 实测项目质量应满足现行《公路路基施工技术规范》(JTG/T 3610)的要求。

4 施工过程中,每填筑3m高宜检测路线中线和宽度。

3.5 填挖交接处理

3.5.1 半填半挖地段填方,应按设计要求分层填筑、分层压实。

3.5.2 半填断面需设置成向内倾的台阶(图3.5.2),坡度宜为2%~4%。台阶宽度不小于2m,在挖方一侧,台阶应与行车道宽度一致、位置重合。

图3.5.2 挖台阶处理

3.5.3 遇到潮湿、渗水、泉眼等地段,清表后应注意采取设置排水盲沟等排水措施。

3.5.4 填筑时,须由低往高分层摊铺碾压。加强填、挖交界处的拼接,碾压要做到密实无拼痕。

3.5.5 半填半挖路基填筑时,应按设计铺筑加筋材料,加筋材料底面平整、无小石子或尖锐物凸露,土工格栅的方向应设置正确,并按设计要求反包。

3.6 高路堤与陡坡路堤

3.6.1 基本要求:
1 路堤填筑段应优先安排施工,宜预留一个雨季或6个月以上的沉降期。
2 路堤填筑宜采用强度高、水稳性好的材料;路堤浸水部分应采用水稳性和透水性好的材料。
3 路堤填筑施工中应按设计要求预留高度与宽度,并进行动态监控。
4 路堤填筑宜每填筑2m冲击补压一次,或每填筑4~6m强夯补压一次。
5 路堤填筑过程中及工后应进行沉降和稳定性观测。
6 高路堤与陡坡路堤填筑时,应控制填筑速率,并进行地表水平位移监测,必要时应进行地下土体分层水平位移监测。

7 严禁在陡坡路堤上方设置弃土场、大面积填平区。路基上部沟洼地小块填平区须与路基同时分层填筑压实,填筑相关指标与路基一致;同时,须完善填平区的防、截排水系统。

3.6.2 施工工艺流程:高路堤与陡坡路堤施工工艺流程如图3.6.2所示。

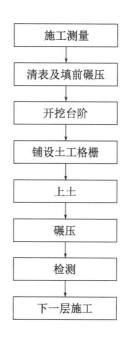

图3.6.2 高路堤与陡坡路堤施工工艺流程

3.6.3 施工要点:

1 施工测量:

1)按设计路基填筑边线测量,并设置施工边桩;施工须加固保护填方边桩,并做出醒目标识。

2)确定填方边线,路基每侧按设计宽度增加50cm,以保障路基施工边线压实度满足设计要求。

2 清表及填前碾压:

1)一般水田、菜地段路基,需清除杂草、积水、浮泥、有机物残渣及原地面以下植物根系等,清表凹地需开挖纵向和横向排水沟以排除积水,并进行机械压实,最后回填工作垫层。

2)一般丘陵段路基,需清除路基红线范围地表植被、有机物残渣及植物根系等。

3)施工中应根据实际耕植土的厚度予以清除,一般山坡、旱地路段清表20cm,水稻田路段清表30cm。

4)路基清除的表土、局部清除的淤土应合理利用,减少废方,清除的表土用于路基碎落台、中央分隔带上部填土,以利于植物生长。

3.7 台背与墙背填筑

3.7.1 填料宜采用透水性材料、轻质材料、无机结合料稳定材料等，崩解性岩石、膨胀土不得用于台背与墙背填筑。

3.7.2 台背与墙背填筑施工应符合下列规定：
1 按设计要求实施过渡段，过渡段路堤压实度应不小于96%。
2 台背和锥坡的回填应同步进行。
3 台背与墙背1.0m范围内回填宜采用小型夯实机具压实。
4 分层压实厚度不宜大于150mm，填料粒径宜小于100mm，涵洞两侧回填填料粒径宜小于50mm，压实度应不低于96%。
5 部位狭窄时可采用低强度等级混凝土、浆砌片石等材料回填。
6 涵洞两侧，应对称分层回填压实。
7 回填部分的路床宜与路堤路床同步填筑。
8 台背与墙背回填，应在结构物强度达到设计强度的75%以上时进行。

3.7.3 基本要求：
1 结构物强度应满足设计或规范要求，隐蔽工程验收合格。
2 回填材料除设计文件另有规定外，均应采用砂类土填筑。
3 大型机械设备碾压不到位的地方应配备小型夯实机械压实（图3.7.3）。

图3.7.3 台背回填采用的小型夯实机

4 台背回填范围：
1）通道、涵洞工程：顶部长度不小于台高+2m，底部为基础外沿3~5m。
2）桥梁工程：顶部长度不小于台高+2m，底部为基础外沿不小于2m。

3.7.4 施工要点：
1 施工桥涵背填土与路堤过渡段时，过渡段路堤压实度应不小于96%，同时保障纵向和横向防排水系统连接通畅。

2 结构物的填土应分层填筑,每层最大松铺厚度不大于200mm。与路堤交界处应挖台阶,台阶宽度不小于1m。

3 台背填土工序应符合设计要求。梁式桥的轻型桥台台背填土,宜在梁体安装完成后进行;柱、肋式桥台台背填土,宜在台帽施工前,柱、肋侧对称、平衡进行。桥台背和锥坡的回填施工宜同步进行、一次成形并保证压实整修后能达到设计宽度。台背回填部分的路床宜与路堤路床同步填筑(图3.7.4-1)。

图3.7.4-1 台背和路基同时填筑

4 涵洞应在盖板安装或浇筑后,在洞身两侧对称分层回填压实。顶面填土压实厚度大于500mm时,方可通过重型机械和汽车。

5 结构物回填前应在台背用油漆画好每一层的压实厚度标志线(图3.7.4-2),分层回填压实。

图3.7.4-2 台背回填刻线

6 填土过程中,应防止水的浸害。回填结束后,应及时封闭顶部。

7 在涵洞填土未完成前,不得进行涵顶高程以上的填方施工。

3.7.5 质量控制:

1 涵台背回填分层填筑,各分层松铺厚度不大于200mm、压实度不小于96%。

2 桥涵台背、挡土墙墙背宜选用透水性良好的砂类土,物理力学指标应满足表3.7.5的要求。

表3.7.5 桥涵台背、挡土墙墙背回填砂性土物理力学指标对照表

项次	项目	范围
1	液限(%)	<42
2	塑性指数	<12
3	最小干密度(g/cm³)	>1.9
4	颗粒含量(>0.075mm)(%)	>85

3.8 冲击增强补压

3.8.1 基本要求：

1 大于8m的高填方路基，必须采用冲击式压路机进行冲击补强。

2 填土平面长或宽大于或等于80m，且冲击碾压深度2m内无涵洞或其他构造物时，路基每填高2m应冲碾一次；填石路基每填高3m冲碾一次，砂性土及含水率高的黏性土不适宜冲击增强碾压。

3 在山凹地段较多的山区，对于冲碾设备无法进入的施工地段，可采用80t的强振动压路机进行碾压补强、强夯设备冲夯或大吨位(32t)压路机振碾(图3.8.1-1)。

a) 冲碾压路机

b) 强夯设备

c) 重型压路设备

图3.8.1-1 路基补强设备

4 常规压实已完成并通过检测后，应统计每段路的填筑高度、层数。

5 测点布置：按每20m一个横断面，每一横断面3个测点，分别在路基中线和距离

左、右外侧边线(含加宽部分)1m处布置,并测出布置的每个测点的高程。观测点布置如图 3.8.1-2 所示。

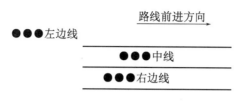

图 3.8.1-2　观测点布置图

6　冲碾试验段工作已完成,试验段成果已得到批准认可。

3.8.2　施工工序:冲击式压路机施工工序如图 3.8.2 所示。

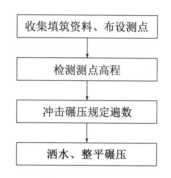

图 3.8.2　冲击式压路机施工工序

3.8.3　施工要点:

1　冲击碾压不得代替常规压实,路基冲击碾压前必须经试验检验("五度"检测)合格,并进行高程检测。

2　原则上路基每填高 2m 冲击碾压一次,每次为 20 遍,并通过试验确定,路基 96 区(挖方段为石方的路段除外)顶面倒数第二层全线冲击碾压一次。

3　对填土路基,冲碾后应对表层 30cm 厚度范围内进行重新整平碾压,压实度应符合规范要求。

4　冲击式压路机最大瞬间冲击功率不小于试验段参数。

5　冲碾时应注意避免对涵洞或其他构造物造成损坏。

3.9　路基拓宽改建

3.9.1　不中断交通路基拓宽施工时,施工方案应有相关部门审批,并严格按照方案采取交通管制和安全防护措施。

3.9.2　施工前应截断流向拓宽作业区的水源,开挖临时排水沟。施工期间应在水流汇集的路肩外侧设置拦水带,根据水流情况在拓宽路基中合理设置临时急流槽与泄水口。中分带及路面超高段横向排水管应查明和做好标记,待路基形成后再反开挖接长或重新施工排水管。

3.9.3 拓宽路堤的填料宜与老路基相同,或选用水稳性好的砂砾、碎石等填料,且应满足现行《公路路基施工技术规范》(JTG/T 3610)的要求。路床应采用水稳性好的粗粒土或无机结合料稳定材料填筑。

3.9.4 一般路堤拓宽施工应符合下列规定：
1 拓宽路堤填筑前,应拆除原有排水沟、隔离栅等设施,拓宽部分的基底清除原地表土应不小于0.3m,清理后的场地应进行平整压实;老路堤坡面,清除的法向厚度应不小于0.3m。
2 拓宽路基的地基处理应符合设计要求和现行《公路路基施工技术规范》(JTG/T 3610)的有关规定。
3 路堑边坡的既有防护工程宜与路基开挖同步拆除,防护工程拆除时应采取措施保证既有边坡的稳定。
4 既有路基的护脚挡土墙及抗滑桩可不拆除。路肩式挡土墙路基拼接时,上部支挡结构物应予以拆除,宜拆除至路床底面以下。
5 既有路基有包边土时,宜去除包边土后再进行拼接。
6 由既有路堤坡脚向上开挖台阶时,应随挖随填,台阶高度应不大于1.0m,宽度应不小于1.0m。
7 拼接宽度小于0.75m时,可采取超宽填筑再削坡或翻挖既有路堤等措施。
8 宜在新、旧路基结合部铺设土工合成材料。

3.9.5 高路堤与陡坡路堤拓宽施工应符合下列规定：
1 原坡脚支挡结构不宜拆除,结构物邻近处可用小型机具薄层夯实。
2 既有路基底部设置有渗沟或盲沟时,应做好排水通道的衔接施工。
3 高路堤与陡坡路堤拓宽施工,还应符合现行《公路路基施工技术规范》(JTG/T 3610)第4.7节的相关规定。

3.9.6 挖方路基拓宽施工应符合下列规定：
1 既有路基边缘须设置防止飞石或落石的安全防护措施,并应设置警示标志。
2 边通车边施工时,宜采用机械开挖或静力爆破方式进行开挖。
3 如采用爆破方式时,应按爆破施工方案组织施工;宜统一规定爆破时间段,爆破时应临时封闭交通。
4 拓宽施工中的挖方路基施工,除执行本条规定外,还应执行现行《公路路基施工技术规范》(JTG/T 3610)第4.3节的相关规定。

3.9.7 拓宽路基应进行沉降观测,观测点应按设计要求设置。高路堤和陡坡路堤路段应进行稳定性监测。

3.9.8 新旧路基连接部处理技术要点:
1 清除旧路肩边坡上草皮、树根及腐殖土等杂物。
2 将旧土路肩翻晒或掺灰重新碾压,以达到质量要求。
3 从硬路肩开始下挖台阶,以消除旧路基边坡压实度不足带来的影响,加强新旧路基的结合程度,减少新旧路基结合处的不均匀沉降。
4 路槽纵向开挖的台阶需铺设跨施工缝的土工格栅,以增加新旧路基横向联系,减少反射裂缝。

3.10 泡沫轻质土路堤

3.10.1 基本要求:
1 水泥应按照设计要求选择合适的品种,保证水泥的质量符合国家标准。
2 砂应选择干净的河砂或机制砂,粒度均匀,无泥块、杂质等。
3 应选择质量良好、密度小、强度高的轻集料,比如珍珠岩、蛭石、膨胀珍珠岩等。
4 水应选用清洁、无污染的自来水或井水。
5 应根据需要选择适当的外加剂,如减水剂、膨胀剂等。
6 根据建筑物的用途、地理环境及混凝土的强度、密度等要求,确定泡沫轻质土的配合比。
7 配合比应符合国家标准及相关规定,并经过试验验证,以保证混凝土的强度、密度等性能达到设计要求。
8 泡沫轻质土的配合比应根据施工现场实际情况及天气条件进行适当的调整。

3.10.2 施工工序:
1 混凝土搅拌:将水、水泥、砂、轻集料、外加剂等按照配合比加入搅拌机中进行充分拌和,拌和时间一般不少于3min,直至混凝土均匀。
2 输送:将混凝土输送至施工现场,采用输送泵进行输送。
3 浇筑:现场浇筑的竖向结构物,每层浇筑厚度宜控制在30~50cm,并采用插入式振捣器进行振捣。混凝土拌合物浇筑倾落高度大于2m时,应设置混凝土串筒等辅助工具,以免产生拌合物的离析。
4 养护:混凝土施工后应进行养护,防止混凝土表面开裂、龟裂,养护可以采用喷水、覆盖湿布等方式,养护时间一般不少于7d。

3.10.3 施工要点:
1 泡沫轻质土在运输过程中,由于粗集料的表观密度较小,很容易产生上浮现象,因此比普通混凝土更容易产生离析。为防止混凝土拌合物的离析,运输距离应尽量缩短。

2 用于制备泡沫轻质土的料浆在储料装置中的停滞时间不宜超过1.5h。

3 泡沫轻质土应在出料软管的前端直接浇筑,出料口宜埋入混凝土中。

4 浇筑区单层浇筑时间不得超过水泥浆的初凝时间;上下相邻两层浇筑间隔时间宜不少于8h。

5 泡沫轻质土不得在雨天施工;已施工尚未硬化的轻质土,在雨天应采取遮雨措施。

6 泡沫轻质土浇筑至设计厚度后,应覆盖塑料膜或无纺土工布进行保湿养护,养护时间不宜少于7d。

7 不宜在气温低于5℃时浇筑,否则应采取保温措施。

8 泡沫轻质土顶层铺筑过渡层之前,不得直接在填筑表面进行机械或车辆作业。

3.10.4 质量控制:

1 泡沫轻质土路堤施工应符合下列规定:

1)泡沫轻质土路堤施工前,应将路基划分为面积不大于400m^2、长轴不超过30m的浇筑区,每个浇筑区单层浇筑厚度宜为0.3~0.5m。轻质土路堤每隔10~15m应设置一道变形缝。

2)泡沫宜采用压缩空气与发泡剂水溶液混合的方式生产,严禁采用搅拌发泡法生产泡沫。

3)原材料配合比计量应采用电子计量,泡沫剂、水泥、水、外加剂和外掺料计量精度均为±2%。

2 既有路加宽老路堤与泡沫轻质土交界的坡面,清理厚度宜不小于0.3m,老路堤坡脚向上按设计要求挖台阶。土体台阶必须密实、无松散物。泡沫轻质土浇筑应采用分层分块方式,不宜沿公路横向分块浇筑。纵向填挖结合段,应合理设置台阶。

3 泡沫轻质土分区施工时,分区模板应安装拼接紧密,不漏浆。宜在分区浇筑施工缝处设置变形缝。变形缝宜采用18mm胶合板或20~30mm聚苯乙烯板,上下可不贯通。

4 泡沫轻质土在浇筑过程中应做湿重度现场检测,检测方法应采用容量筒法,每一浇筑区浇筑层检测次数应不低于6次。

5 泡沫轻质土应在固化后28d进行无侧限抗压强度和密度检测。抗压强度和密度检测应按现行《公路工程水泥及水泥混凝土试验规程》(JTG 3420)进行检测,并满足设计要求。

3.11 取土与弃土

3.11.1 一般规定:

1 取土场、弃土场的选址和规模,应满足施工、水保环境保护、水土保持等要求,取弃土场方案应经论证、审批后方能实施；路基上方严禁设置弃土场、大型填平区等。取弃土场位置应考虑对景观的影响，注意避让沿线风景区游人、驾乘人员的可视范围。

2　设计阶段，按照土石方平衡利用原则，尽量减少或避免取土、弃土。

3　路基填方取土，应根据设计要求，并结合路基排水和当地土地规划、环境保护、水土保持等要求进行，不得任意挖取。

4　施工取土应尽量利用荒坡、荒地。取土深度应根据用土量、取土场面积并结合地下水等因素考虑；原地面若属于耕植土，应先挖出集中存放，以便再次利用；取土场应形状规则、底部平整、不积水、边坡应按设计坡度修整。

5　按"因地制宜"原则，视地形条件就近消化弃土。弃土场宜选在山沟、凹地内，尽量少占或不占耕地、林地，禁止占用基本农田。

6　弃土场不应设置于河流管理范围内，严禁直接将弃渣倒入河流范围。路基、村庄上游，桥下等严禁设置弃土场，不宜在上游汇水面积过大的沟、谷内设置弃土场。

7　弃土场不宜占用沟渠，当必须占用时，应对沟渠进行改道，并设置防冲刷设施。

8　弃土应堆放规则，不得随意倾倒，按设计要求进行整平、分层碾压，并待沉降稳定后，及时进行排水、防护和绿化施工，防止次生灾害。

9　弃土场堆填整平完成后，需同步完成场区地表、地下综合排水系统；地表环形排水沟、纵向和横向排水沟，应与边坡排水系统顺畅衔接。

10　取土场的土源应进行相关试验，符合填料要求。

11　荒山、荒坡作为取土场时，应整体规划，制订详细施工方案，按照用量科学取土，禁止滥挖。取土完成后需结合当地使用规划，形成轮廓美观、整齐的外形，便于复垦、绿化、防护。

12　弃土场宜按地方要求进行整修，达到相关条件后进行移交。

3.11.2　取土场：

1　据设计文件对取土场进行现场核查，核查土质是否符合要求，储存数量是否满足需求，对取土方案以及防护、排水工程进行完善、优化。

2　取土时应注意环境保护，取土后的裸露坡面应按设计要求采取土地整治或防护措施。风景区或有特殊要求的施工地段，应按设计要求及时配套完成环境保护工程。

3　按照"因地制宜，安全可靠，切实可行，经济合理"的原则，需与当地生产规划、土地合理利用紧密结合，以恢复原土地利用类型为主，为恢复原土地利用类型创造条件，并寻求附近正在进行土石方施工的其他建设工地进行合作。

4　当未规定取土场位置或储土量不足时，应另寻土源。集中取土时，土质应符合路基填筑要求，并尽量利用荒山、山地，兼顾农田、水利建设和环境保护，力求少占耕地。

5　取土场取土时应该分层进行，开挖前应先剥离表土、集中堆放，用于覆土复耕或植被恢复；取土完成后，需进行边坡、场地整修，利用原表土回填摊平。

3.11.3 弃土场：

1 弃方为土时应与造地相结合；弃方为石质时应与覆土、复耕相结合。

2 弃土场应有完善截排水和防护措施，"先挡后弃"（对弃土堆容易发生坍塌的一侧设置拦挡设施），同时须在弃土堆外围设置排水沟，以防洪水冲蚀。

3 路基弃土应堆放规则，不得任意倾倒，按要求分层整平碾压。弃土作业整平结束后，需覆盖原表层种植土，并进行人工绿化（植树、种草）施工，如图3.11.3所示。

图3.11.3 弃土场绿化

4 弃土场的位置与高度应满足路堑边坡、山体和自身的稳定要求，不得影响附近建筑物、农田、水利、河道、交通和环境等。必要时应加设挡护和排水措施。

5 弃石场表面应覆盖不少于80cm厚的土，以便植被恢复。

6 弃土场的选择应符合下列要求：

1）严禁在岩溶漏斗、暗河口、泥石流沟上游及贴近桥墩、台弃土、弃渣处。

2）严禁向江、河、湖泊、水库、沟渠弃土、弃渣。

7 弃土场施工完成后，项目移交前应完成弃土场稳定性评价，并通过审查；满足稳定、环境保护和水土保持等要求。

8 弃土前，应设置和完成地下排水的盲沟、地表的截水沟、排水系统等建设。

9 弃土场填筑压实度应满足要求；路基相接的填平区压实度应与路基一致。

10 弃土场完成后，应完成绿化恢复。

4 路基排水工程

4.1 一般规定

4.1.1 施工前,应校核全线排水设计是否完善、合理,必要时应提出补充和修改意见,使全线的沟渠、管道、桥涵组合成完整的排水系统。临时排水设施应尽量与永久排水设施相结合,排水方案应因地制宜、经济适用。

4.1.2 施工前,应先完成临时排水设施。施工期间,应加强对临时排水设施的维护,保证水流畅通。

4.1.3 路堤施工中,各施工作业层面应设2%~4%的排水横坡,避免积水,并采取措施防止水流冲刷边坡。

4.1.4 路堑施工中,应优先完成坡顶截水沟、坡面急流槽及平台硬化排水设施。

4.1.5 路基排水综合措施应尽量不占或少占农田,并与当地农田水利建设相结合。

4.1.6 施工中应对地下水情况进行记录并及时反馈。

4.1.7 排水设施的小型构件应采用集中预制。

4.1.8 缝隙式排水沟安装应确保线形准确、高程符合路线纵坡要求。

4.1.9 隧道、桥梁接入的排水及分离式路基内侧排水,宜在路堤中埋设管道排水。

4.1.10 挡墙背可合理推行塑料排水盲沟等透水新工艺。

4.2 地表排水

4.2.1 边沟、排水沟、截水沟、缝隙式排水沟:
  1 施工工序:地表排水沟施工工序如图4.2.1-1所示。

图 4.2.1-1 地表排水沟施工工序

2 施工要点：

1）排水沟、边沟、截水沟的测量放样应适当加密,确保沟体线形美观、直顺、圆滑（图 4.2.1-2），并按设计要求设置伸缩缝。

图 4.2.1-2 排水沟

2）路基排水应按设计及规范要求施工,并依照实际地形选择合适的位置将地表水和地下水排导至路基外,并与自然水系相衔接。

3）截水沟应在路基施工前先施工。砌筑坡体上方一侧的砌体与山坡土体连接处截水沟时应严格进行夯实和防渗处理。

4）砌筑路基截水沟、排水沟、边沟等排水圬工砌体时,严禁采用先砌两边墙体、再铺底的施工工艺;有坡度的沟底应按台阶方式砌筑。

5）截水沟顶面应略低于自然坡面,若遇冲沟应设缺口将水导入截水沟。

6）截水沟的长度超过 500m 时应设置出水口,并将水引入自然河沟或桥涵进水口。截水沟的出水口,宜设置排水沟、急流槽或跌水,与其他排水设施平顺衔接。

7）截水沟出水口一般应设深度不小于 1m 的截水墙或消能设施,以免出水口在水流作用下被冲毁;排水系统应完善,不得随意排放或直接冲刷边坡,截水沟排水系统如图 4.2.1-3 所示。

图 4.2.1-3 截水沟排水系统

8）边沟基坑开挖至设计高程时，需进行沟底高程复测，确保沟底纵坡衔接平顺。

9）土质地段边沟沟底纵坡大于3%时易被水流冲刷，应采取加固措施。沟底抹面加固时，抹面应平整压光。

10）边沟纵坡应与曲线前后沟底纵坡平顺衔接，严禁曲线内侧积水或积水外溢。曲线外侧边沟深度应加深。

11）为防止边沟水流冲刷或溢满，应尽可能利用地形条件，分段设置边沟出水口。三角形边沟每段长度不宜超过200m，多雨地区梯形边沟每段长度不宜超过300m。

12）排水沟长度不宜过长，以免流量过大造成漫溢，一般不宜超过500m。

13）排水沟的出水口应采用跌水和急流槽将水流引入路基以外。排水沟一般应采取加固措施，防止冲刷。

14）施工期间永久性排水应与临时排水相结合，防止雨水冲刷；如路堑边沟每隔50m预留不小于10cm×10cm的矩形沟或埋设直径不小于10cm的PVC管排水孔道（图4.2.1-4）；填方路堤每隔50m采用砖砌筑宽0.7m的临时流水槽与路堤排水沟相连接。

图4.2.1-4　边沟排水孔

15）缝隙式排水沟预制构件的各项尺寸、强度均须符合安装要求，抽检合格后方可运至现场。

16）缝隙式排水沟的预制构件吊装时，注意保护其外观、避免磕碰，根据现场条件采取一定措施确保完好地运输到安装现场。

17）缝隙式排水沟管节安装时应在抹平砂浆未凝结前放置在基础上，前后两节接触面均须坐浆，后节顶紧前节，保证接缝砂浆饱满，如不饱满应再次填塞。安装就位后，应清理管腔内接缝处冒出的砂浆。

18）在路线曲线半径大的段落，可通过调整缝隙式排水沟的接缝宽度来调整线形。对于半径小的曲线路段，应准确计算弧形拱度，通过预制两边侧不等长的梯形构件来调整曲线。

3　质量控制：

1）排水设施要求纵坡平顺，沟底平整，排水畅通。

2）外观要求线形美观、平顺、圆滑。

3）构造物要求坚实、稳定。

4) 基础伸缩缝应与墙身伸缩缝一致。

5) 砌体抹面应平整、压光、顺直,不得有裂缝、空鼓现象。

6) 实测项目质量应满足现行《公路工程质量检验评定标准 第一册 土建工程》(JTG F80/1)的规定。

4.2.2 跌水、急流槽:

1 施工工序:跌水、急流槽施工工序如图 4.2.2 所示。

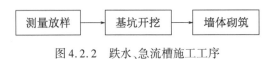

图 4.2.2 跌水、急流槽施工工序

2 施工要点:

1) 跌水与急流槽宜采用预制块或现浇混凝土结构;跌水的台阶高度应按设计要求或根据地形、地质等条件确定;多级台阶的各级高度可以不同,其高度与长度之比应与原地面坡度相适应,台阶高度应不大于 0.6m,各阶坡面应上下对齐。

2) 跌水沟槽、壁及消力池的边墙厚度:浆砌片石为 0.25~0.4m,混凝土为 0.2m,高度应高出计算水位至少 0.2m,槽底厚度为 0.25~0.4m,出口设置隔水墙。

3) 跌水应按设计要求修筑消力槛。

4) 急流槽的纵坡,不宜超过 1:1.5。

5) 急流槽的基础应嵌入地面以下,其底部应按设计要求砌筑抗滑平台并设置端护墙。

6) 进水槽和出水槽底部应采用预制块铺砌。水泥浆勾缝长度一般不小于 10m;若有特殊情况,应在下游铺设厚 0.2~0.5m,长 2.5m 的防冲铺砌。

7) 长急流槽应分段砌筑,每段长宜控制在 5~10m,接头处以防水材料填缝,应密实无空隙。

8) 急流槽宜砌成粗糙面,或嵌入约 10cm×10cm 坚石块,以减小流速。

9) 汇水面积较大的路堑边坡急流槽,应加大、加深急流槽尺寸,底部需设消能设施,并导入路基排水系统。对于"M"形路堑边坡,汇水面积较大的沟槽部位,应根据工程现场情况采取预制块、现浇混凝土等措施进行封闭,设置宽急流槽,便于沟槽部位的坡体汇排水。

3 质量控制:

1) 急流槽所用的混凝土及预制块强度应满足设计要求。配合比准确,浆砌缝隙砂浆饱满,槽内抹面平整、直顺。

2) 进口汇水流设施、出口消力槛等设施应砌筑牢固,不得有裂缝空鼓现象。

3) 槽内抹面平顺无裂纹。

4) 设置坡度直顺,无折坡现象。

5) 实测项目质量应满足现行《公路工程质量检验评定标准 第一册 土建工程》(JTG F80/1)的要求。

4.2.3 边坡平台排水沟:

1 施工工序:边坡平台排水沟施工工序如图 4.2.3 所示。

图 4.2.3 边坡平台排水沟施工工序

2 施工要点:

1)平台排水沟(或挡水埝)的测量放样应适当加密,确保沟体线形美观、顺直、圆滑,并按设计要求设置沉降缝。

2)平台排水沟(或挡水埝)可用混凝土预制块或混凝土现浇。应严格按照设计要求施工,不允许沟内侧有积水或积水淤堵外溢。

3)平台排水沟(或挡水埝)排水走向应根据地形确定,沟底纵坡不宜小于 0.3%,与踏步式急流槽、截水沟、骨架护坡排水槽等排水设施的连接应顺畅。

4)平台排水沟高程应低于平台高程,保证山体流水自然流入水沟进行集中排水;挡水埝宽度、高度及厚度应满足设计要求。

5)应注意平台排水沟的预制构件的成品运输和吊装保护、避免磕碰,同时注意吊装安全。

3 质量控制:

1)平台排水沟(或挡水埝)所用的混凝土、浆砌片(块)石及砌筑砂浆强度和规格应满足设计要求。配合比准确,砌缝内砂浆均匀饱满,勾缝密实。

2)砌体抹面应平整、压光、直顺,不得有裂缝、空鼓现象。

3)砌块应错缝砌筑,相互咬紧;浆砌时砌块应坐浆挤紧,嵌缝后砂浆饱满,无空洞现象。

4)砌体内侧及沟底应平顺。砌体边缘直顺,外露表面平整。

5)勾缝平顺,缝宽均匀,无脱落现象。沟底不得有杂物。

4.3 地下排水

4.3.1 仰斜式排水孔:

1 施工工序:仰斜式排水孔施工工序如图 4.3.1 所示。

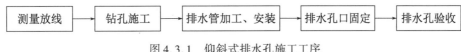

图 4.3.1 仰斜式排水孔施工工序

2 施工要点:

1)充分调查和收集地形地貌和水文地质资料,排水孔布设于富水低处,提高排水效果。

2)排水管横向可按 5~10m 间距布置,钻孔成孔直径宜为 75~150mm,仰角不宜小于 6°;排水管直径为 50~100mm,渗水长孔采用梅花形布置,渗水段包裹 1~2 层透水无纺土工布,防止渗水孔堵塞。孔深应伸至富水部位或潜在滑动面。

3)钻孔施工过程中,及时记录和上报施工揭示地层及含水状态等,动态调整孔位、孔数和孔深等参数,保障排水孔出水率。

4)排水管安装就位后,应采用不透水材料堵塞钻孔与渗水管出水口段之间的间隙,长度宜不小于600mm。

3 质量控制:

1)钻孔的孔深、倾斜度应按设计要求严格控制,钻孔孔位误差应小于5cm,钻孔倾斜宜为8°~15°,误差小于1°。

2)钻进有效孔深超深不大于20cm,且每钻进5m,用测斜仪校正一次,保证孔位满足设计和规范要求。

3)施工人员必须经培训考核合格后,方可上岗作业,严禁违章作业。

4)严格做好钻进孔深、角度、PVC管土工布安装等隐蔽工程报验工作。

4.3.2 盲沟、渗沟:

1 基本要求:

1)盲沟、渗沟所需的原材料质量经检验符合设计要求。

2)换填路段设置盲沟、渗沟的,必须在路基挖除软土后换填至盲沟、渗沟设计高程后进行测量放样。

3)复核测定盲沟、渗沟起讫点位置,验核多道盲沟、渗沟连接通畅。

4)盲沟、渗沟应采用透水性大的粗粒石筑成,暗沟不宜太长,宽度一般为50~80cm,高度应根据地下水的情况确定,一般为宽度的2.5倍。

5)盲沟、渗沟填石时,应按大、中、小从下向上填筑;填石时应防止泥土混入影响排水。暗沟的出水口应加长,以确保水流排出路基以外。

6)盲沟、渗沟两侧采用石屑、粗砂等与土质沟隔离,以保证排水断面不被两侧的泥土堵塞。

7)盲沟、渗沟开挖应从下游向上游进行。

8)盲沟、渗沟应设置排水层、反滤层、封闭层。

2 施工工序:盲沟、渗沟施工工序如图4.3.2所示。

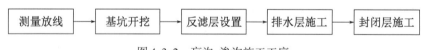

图4.3.2 盲沟、渗沟施工工序

3 施工要点:

1)在地下水位高,流量不大,引水不长的地段可设盲沟,其深度不宜超过3m,宽度一般为0.7~1.0m;地下水埋藏较深或引水较长的地段,可设置有管渗沟,其深度可达5~6m。

2)渗沟、盲沟的基坑开挖宜自下游向上游进行,应随挖随支撑或回填;暴露时间不宜超过7d,以免造成坍塌;支撑渗沟应间隔开挖。

3)当渗沟开挖深度超过6m时,须选用框架式支撑。在开挖时自上而下随挖随支撑，施工回填时应自下而上逐步拆除支撑。

4）渗沟、盲沟的埋置深度，应满足渗水材料的顶部（封闭层以下）不得低于原有地下水位的要求。当需排出层间水时，底部应埋置在最下层的不透水层。

5）当采用无纺土工布做反滤层时，应先在底部及两侧沟壁铺好就位，并预留顶部覆盖所需的土工布。拉直平顺紧贴下垫层，所有纵向或横向的搭缝应交替错开，搭接长度均不小于30cm。

6）盲沟的底部和中部用较大碎石或卵石（粒径30~50mm）填筑，在碎石或卵石的两侧和上部，按一定比例分层（层厚约150mm）填较细颗粒的粒料（中砂、粗砂、砾石），做成反滤层，由下至上逐层的粒径比例按4:1递减。颗粒小于0.15mm的含量不应大于5%。在盲沟顶部做封闭层，应用防渗材料铺成，夯实黏土防水层厚度不小于0.5m。

7）渗沟的出水口宜设置端墙，端墙下部应留出渗沟排水通道大小一致的排水沟，端墙排水孔底面宜比排水沟沟底高不小于0.2m。对端墙出口的排水沟应进行加固，防止冲刷。

8）填石盲沟纵坡不能小于1%，宜采用5%。出水口底面高程应高出沟外最高水位0.2m。

4 盲沟质量控制：

1）盲沟材料的粒径需符合设计要求，砂石需洁净、无杂质，含泥量不大于2%，不同粒径材料的层厚误差不超过10mm，盲沟所用碎石采用中风化以上岩石为原材料，禁止使用泥岩、页岩等遇水易软化的岩石。

2）盲沟沟底应平整光滑、结构尺寸、高程和坡度符合设计要求。

3）盲沟上面及两侧6m范围路基施工不得采用强夯，应采用振动碾压工艺。

4）为防止土工布在铺设时损伤，铺设前应将盲沟底部和侧壁凸出的岩片锋利部分破碎清理。

5）支撑盲沟基础砌筑，宜每隔1~3m设一牙石凸榫，可采用100~200mm填料片石；沟壁砂砾石反滤层厚度不应小于150mm。

5 渗沟质量控制（支撑渗沟）：

1）渗水材料应采用洁净的砂砾、粗砂、碎石、片石，其中粒径小于2mm的颗粒含量不得大于5%。渗沟沟壁反滤层应采用透水土工织物或中粗砂，渗水管可选用带孔的HPPE管、PVC管、PE管、软式透水管、无砂混凝土管等。

2）渗沟宜从下游向上游分段开挖，开挖作业面应根据土质选用合理的支撑形式，并应边开挖边支撑，渗水材料应及时回填。

3）渗水材料的顶面不得低于原地下水位。当用于排除层间水时，渗沟底部应埋置在最下面的不透水层。

4）渗沟基底应埋入不透水层内不小于0.5m，沟壁的一侧应设反滤层汇集水流，另一侧用黏土夯实或隔水土工布、混凝土、浆砌片石拦截水流。渗沟沟底不能埋入不透水层时，两侧沟壁均应设置反滤层。

5)粒料反滤层应分层填筑。坑壁土质为黏土、粉砂、细砂。采用无砂混凝土板做反滤层时,在无砂混凝土板的外侧,应加设100～150mm厚的中粗砂或透水土工织物。

6)渗沟顶部封闭层宜采用干砌片石水泥砂浆勾缝或浆砌片石等。

7)路基基底的填石渗沟,应采用水稳定性好的石料,其饱水抗压强度应不小于30MPa,粒径应为100～300mm。

8)管式渗沟宜间隔设置疏通井和横向泄水管,分段排除地下水。渗水孔应在管壁上交错布置,间距宜不大于200mm。

9)洞式渗沟顶部应设置封闭层,厚度应不小于500mm。

10)边坡渗沟的基底应设置在潮湿土层以下的干燥地层内,阶梯式泄水坡坡度宜为2%～4%,基底应铺砌防渗层,沟壁应设反滤层,其余部分用透水性材料填充。

11)支撑渗沟的基底埋入滑动面以下宜不小于500mm,排水坡度宜为2%～4%。当滑动面缓时,可做成台阶式支撑渗沟,台阶宽度宜不小于2m。渗沟侧壁及顶面宜设反滤层。出水口宜设置端墙。端墙内的出水口底高程,应高于地表排水沟常水位200mm以上;承接渗沟排水的排水沟应进行加固。

4.3.3 井点降水:

1 施工工序:井点降水施工工序如图4.3.3所示。

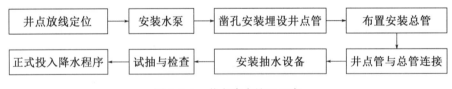

图4.3.3 井点降水施工工序

2 施工要点:

1)井点降水应按设计要求施工,降水管与孔壁之间需采用细砂回填。

2)砂石滤层滤管应放置在井孔的中间,砂石滤层的厚度应在60～100mm之间,以提高透水性,并防止土粒渗入滤管堵塞滤管的网眼。填砂厚度需均匀,填砂中途不得中断,以防孔壁塌土。

3)滤砂层的填充高度需超过滤管顶1.0～1.8m,一般应填至原地下水位线以上,以保证土层水流上下畅通。

4)井点填砂后,井口以下1.0～1.5m用黏土封口压实,防止漏气而降低降水效果。

5)井点位置宜距坡边2.0～2.5m,隧道洞口井点位置距坡边不小于0.5m,以防止井点设置影响边坡土体稳定性。

6)降水泵配置需满足工程需要,宜采用自动抽水设备。

7)坡体地表需设置集中排水沟或排水管,抽出的地下水、地表排水等需统一规划、布置,集中排出坡外,严禁随意流淌。

8)施工现场用电需注意安全,水泵用电需统一规划、整齐布置,严禁使用破损电线。

9)现场要设置设备保护措施,以防施工破坏设备。

3 质量控制:

1)砂石滤层必须采用粗砂,以防止堵塞滤管的网眼。

2)为确保井壁垂直,冲击管应垂直上下移动。

3)胶管插入井点管底部进行注水清洗,直至流出清水为止。应逐根进行清洗,避免出现"死井"。

4)轻型井点降水应加强检查,应遵循"先大后小,先混后清"的出水规律。若出现异常情况,应及时进行检查。

5)现场需设专人观测,若抽水过程中真空度不足,应立即检查整个抽水系统有无漏气环节,并应及时处理。

4.3.4 边坡排水隧洞:

1 施工工序:边坡排水隧洞施工工序如图4.3.4所示。

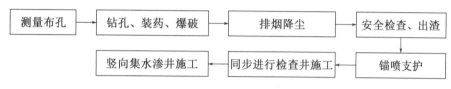

图4.3.4 边坡排水隧洞施工工序

2 施工要点:

1)施工前应做好现场地质、水文等情况调查和图纸核对工作,并应编制专项方案。

2)隧洞施工应严格遵循"预支护、短进尺、弱爆破、早喷锚、勤测量、早封闭"的原则。

3)施工过程中应做好监控量测工作,围岩级别与设计不符时应及时反馈处理。

4)隧洞开挖,可依据具体地质情况,选择人工开挖或钻孔爆破方法进行;当使用钻孔爆破法时,应根据岩层完整程度,确定采用全断面开挖或导洞开挖;在地下水比较丰富的地段,宜采用下导洞开挖。

5)排水隧洞断面形状可选择梯形或圆拱形。为便于施工和行人通行,隧洞底宽宜不小于3.0m,侧壁竖墙高度不小于1.5m,顶部高不小于1.5m。

6)隧洞浇筑,应沿轴线分段进行,当结构设有永久缝时,按永久缝施工和设置止水。当永久缝间距过大或无永久缝时,应设临时施工缝分段浇筑,段长宜为8~15m。为避免交叉干扰,可采用跳仓浇筑。在横断面上,浇筑顺序应为底拱、边墙、顶拱;若地质条件差,也可调整为顶拱、边墙、底拱。

7)排水隧洞检查井间距宜为40~60m,检查井与排水隧洞顶相连接,井口应设井盖。检查井内径不宜小于1.5m,当由于场地限制或施工困难时,可减小至1.0m,井护壁采用钢筋混凝土制作,兼起渗井作用的检查井井壁应设置反滤层。检查井壁设置爬梯,便于日常检查和工后维护。

8)为将坡体中多层地下水引入底部隧洞排出,沿排水洞洞身方向间距5~10m布置竖向渗管。管身布置纵向间距10cm,横向间距5cm,呈梅花形的泄水孔。管身应外绑土工布,渗管外围充填渗水材料(砂、砾石等)。

9)隧洞洞底纵坡不得小于0.5%。洞内上曲拱采用长度5~10m的放射性排水孔，递增角度为30°，按梅花形布置，排水孔间距为5m。

10)排水洞设置底板排水沟,隧洞出口设置明沟,引导隧洞排水流向既有排水系统中。

3　质量控制：

1)竖向集水渗管钻孔孔位、孔径应按设计图纸、文件执行。

2)竖向集水渗管外绑土工布,并在周围填充砂、砾石等渗水材料。

3)洞内排水系统不淤积、不堵塞,确保排水通畅。

4)洞身开挖轮廓需预留支撑沉落量及变形量。

5)无漏喷、离鼓、裂缝、钢筋网外露现象。

6)锚杆垫板应紧贴围岩,锚杆孔内灌浆密实饱满。

7)隧洞施工应符合现行《公路隧道施工技术规范》(JTG/T 3660)的有关规定。

5 路基防护与支挡工程

5.1 一般规定

5.1.1 路基防护工程施工前,应对边坡进行修整。破碎且不平整的边坡,须将松散的浮石和岩渣清除,并用浆砌片石(或混凝土)填补空洞。边坡修整后应平整、密实,无溜滑体、蠕变体和松动岩体。

5.1.2 边坡开挖和钻孔过程中,应对岩性及构造进行编录和综合分析,与设计差异较大时,设计应对边坡支护方案进行动态调整。

5.1.3 修整边坡的弃渣应按有关规定堆放,不得污染环境。

5.1.4 钢筋制作与安装应符合设计和规范要求。

5.1.5 浇筑混凝土时,模板应固定牢固。

5.1.6 滑坡、崩塌、高边坡施工前应完成施工安全总体、专项风险评估,并审查验收合格;再根据评估结论编制专项施工方案,安全措施应符合设计要求,经有关单位审批同意后方可施工。施工过程中应设置明显的禁止、警示标志。

5.2 浆砌片(块)石及混凝土预制块防护

5.2.1 施工工序:浆砌施工工序如图 5.2.1 所示。

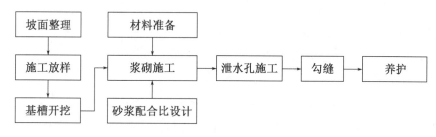

图 5.2.1 浆砌施工工序

5.2.2 施工要点：

1 浆砌片(块)石护坡：

1) 坡面密实、平整、稳定后，方可铺砌。路堤边坡防护在完成刷坡后，由下往上分级砌筑。路堑边坡防护由上往下逐级砌筑，同级边坡砌体铺砌时应从下而上。填浆饱满，密实，不得有悬浆。

2) 砌筑前，坡面应整平、拍实。不得有凹凸现象或在低洼处用小石子垫平等现象，以及形成护坡厚度不均等弊端。

3) 砌筑时应平铺卧砌，石料的大面朝下，坡脚坡顶等外露面应选用较大的石块，并加以修整。

4) 石料宜使用 0.3～0.5m 以上的适当规则石块，且表面干净、不风化、无裂缝和其他缺陷。

5) 最下层、最上层防护石块宜选用较大石块，转角处应选用较大平毛石砌筑，转角与交接处应同时砌筑，不得同时砌筑，并留槎头处理。

6) 砂浆应保持适宜的和易性和流动性，砂浆稠度一般为 3～5cm，并根据施工气候情况适当调整稠度。

7) 砌筑时应接缝交错、坡面平整、勾缝严密、养护及时；应先砌筑施工衔接处骨架，再砌筑其他部分骨架；两骨架衔接处应处于同一高度，骨架底部及顶部和两侧范围内，应用浆砌片石或预制块镶边加固，骨架应嵌入坡面，与坡面密贴。

8) 路堤边坡铺砌时，铺砌层的砂砾垫层材料粒径一般不大于 50mm，含泥量不宜超过 5%。垫层应与铺砌层配合铺砌，随铺随砌。

9) 骨架防护砌筑完成后，应及时种草或铺种草皮，骨架流水面应与草皮表面平顺。

10) 勾缝前应清扫，并喷水湿润，勾缝宜采用凹缝。

11) 砂浆终凝前，砌体应覆盖。砂浆初凝后，及时进行养护，养护期一般为 5～7d。

12) 护坡中下部应按设计设置泄水孔，以排泄护坡背面的积水和减少渗透压力。泄水孔后应设反滤层，在反滤层与土面交界处应垫设一层土工布，以利于泄水孔顺畅排水。

13) 坡面泄水孔的位置和反滤层的设置应符合设计要求，如设计无要求，应符合下列规定：泄水孔宜为 50mm×100mm、100mm×100mm、150mm×200mm 的矩形或直径为 50～100mm 的圆形，间距宜为 2～3m 梅花形布置安装。

14) 浆砌片(块)石护坡每 10～15m 应设置一道伸缩缝，缝宽 20～30mm。在基底地质有变化处，应设沉降缝，可将伸缩缝与沉降缝合并设置。

2 浆砌混凝土预制块护坡：

1) 边坡坡面挡水条须与相应的混凝土预制块连体预制。

2) 护坡预制块铺设时，自下而上进行，表面平整、砌缝紧密、整齐有序、无通缝。

3) 砌筑段现场坡面每隔 2m 须埋设样桩，并设置纵横及对角样线，当日施工开始与结束时加以校核，严格要求施工人员保护样桩，不得任意松动，保障施工标准。

4) 砌块底部垫平填实，无架空，块间紧密联结，缝隙宽度符合规范要求，保障护坡的整体性与稳定性。

5)护坡应按设计要求长度设置沉降缝,如设计无要求,则应 10~15m 段落设置沉降缝,缝间填塞沥青杉板。

6)浆砌混凝土预制块勾缝宜采用凹缝或平缝。

5.2.3 质量控制:

1 使用的砂、片石等原材料或混凝土预制块必须符合设计及技术规范要求。

2 砌筑时,砌块要错缝,坐浆挤密,嵌缝后砂浆饱满,无空洞现象;砌体基础应先行施工,并与平台侧沟同时砌筑,再施作同级坡面的上部砌筑工程。

3 砌筑时,场地高程、边坡坡度、平整度应符合图纸及规范要求。

4 分段砌筑结束后要进行人工勾缝,网格回填土。勾缝平顺、牢固、美观,无脱落现象,缝宽均匀。

5 混凝土预制块外观必须符合规定要求,表面平整,厚度均匀,无蜂窝麻面、掉角(面边脊)、开裂等病害。

6 平面位置、基底高程等实测项目质量要求符合现行《公路工程质量检验评定标准 第一册 土建工程》(JTG F80/1)的规定。

5.3 护面墙防护

5.3.1 施工工序:护面墙施工工序如图 5.3.1 所示。

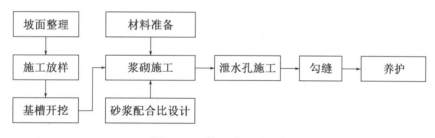

图 5.3.1 护面墙施工工序

5.3.2 施工要点:

1 路堑护面墙基础顶面高程应低于碎落台(级间平台)30cm 以上,基底平面应设置 2% 以上的内倾坡度。

2 坡面应平整密实、线形顺直。局部有凹陷处,应在挖台阶后用与墙身相同的圬工找平,不得回填土石或干砌片石;施工时,应立杆挂线或样板控制,多复核,以保持砌体平整。

3 墙基应坚固稳定,承载力满足设计要求。当地基软弱时,需上报相关部门采取措施处理。

4 护面墙背应设反滤层且与坡面贴合密实,墙顶与边坡间缝隙应封严;护面墙顶部与坡面需按设计采取防渗措施。

5　墙面要砌筑平顺,两端设踏步,局部边坡镶砌时,应砌入坡面,表面与周边平顺衔接。

6　浆砌块石护面墙的石块应平砌,砌筑分层石料高度应一致,砌缝宽度为20mm,上下层竖缝错开距离为100mm。

7　砌体石质应坚硬,严禁使用风化石。砌体必须紧密、错缝,严禁通缝叠砌、贴砌和浮塞。

8　砌筑时砂浆应饱满密实,采用坐浆挤密施工。养护及时,砌体勾缝牢固、美观。

9　按设计要求设置伸缩缝和泄水孔,伸缩缝间隙2~3cm,施工完成后用沥青麻絮填塞饱满;泄水孔位置应有利于泄水流向路侧边沟和排水沟,并保持顺畅。潜水露出或坡面渗水处,需引水并加密泄水孔。

10　砂浆初凝后,及时进行覆盖养护,养护期一般为5~7d。

11　泄水孔材料应符合设计,如设计没有要求,应符合下列规定:泄水孔宜为50mm×100mm、100mm×100mm、150mm×200mm的矩形或直径为50~100mm的圆形。间距宜为2~3m梅花形布置安装。泄水孔必须畅通,且有落水坡度。

12　最下层泄水孔进水口500mm×500mm范围内需设置反滤粗粒料,反滤层底部应设置厚度不小于300mm的黏土隔水层。

5.3.3　质量控制:

1　使用的砂、片石等原材料或混凝土预制块必须符合设计及技术规范要求。

2　砌筑时,砌块需错缝,坐浆挤密,嵌缝后砂浆饱满,无空洞现象;砌体基础先行施工,并与平台侧沟同时砌筑,再施作同级坡面的上部砌筑工程。

3　勾缝平顺、牢固、美观,无脱落现象,缝宽均匀。

4　平面位置、基底高程等实测项目质量要求符合现行《公路工程质量检验评定标准　第一册　土建工程》(JTG F80/1)的规定。

5　要严格按设计设置反滤层及泄水孔,护坡基础地基应符合设计要求。

5.4　挡土墙防护

5.4.1　施工工序:浆砌片(块)石挡土墙施工工序如图5.4.1所示。

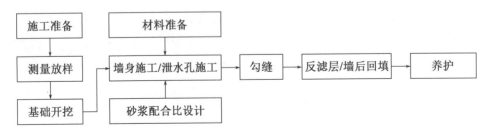

图5.4.1　浆砌片(块)石挡土墙施工工序

5.4.2 施工要点:

1 基坑开挖:

1)基坑开挖应测量定位准确并拉线标示。基坑需分段跳槽开挖,边坡稳定性差或开挖较深时,应设置临时支护。

2)基坑开挖时需核对地质情况,核验基底承载力。满足设计要求,方可进行下一道工序施工;若不满足设计要求,应及时上报,按设计处治合格后方可继续下一道工序的施工。

3)基槽开挖应实施临时防、排水措施,确保基坑不受水的侵害。

2 挡土墙基础:

1)挡土墙在基础施工前,应做好场地临时排水。土质基坑应保持干燥,雨天施工坑内积水应及时排除,受水浸泡的基底土应全部予以清除,并以满足填筑要求的土体回填(或以砂、砾石夯填)至设计高程。

2)墙基础直接置于天然地基上时,基底应经检验合格后,方可开始施工。有渗透水时,应及时排除;在土质松软、有水地段,应避开雨季分段集中施工。

3)墙基础采用倾斜地基时,应按设计倾斜挖凿,不得用填补法筑成斜面。

4)当挡墙基础设置在岩石的横坡上时,应清除表面风化层,横向凿成台阶,台阶应设置为不小于4:1内倾横坡,单级台阶宽度应不小于50cm,沿墙长度方向有纵坡时,应沿纵向按设计要求做成台阶。

5)采用台阶式基础时,台阶与墙体应同时整体实施,基底及墙趾台阶转折处不得砌成垂直通缝,砌体与台阶壁间的缝隙砂浆应饱满。

3 挡土墙墙身:

1)片石混凝土或混凝土挡墙宜采用大块定型钢模板,单块板面面积不小于$2m^2$,安装模板要严格按测量放线操作,以保证挡墙的设计形状、几何尺寸及位置准确。模板内表面要平整光洁,接缝防止漏浆。采用分段分层浇筑,按设计要求的分段长度,分层厚度不大于30cm,相邻段留出设计要求的伸缩缝宽度,墙面的坡度应满足设计。

2)各层混凝土振捣时,振捣棒垂直插入混凝土,振捣时间应以混凝土不再显著下沉、不出现气泡、表面平摊一致、开始泛浆为止。上层混凝土振捣应插入下层混凝土10~15cm,应保证上下层的结合。振捣应遵照"落点均匀、顺插慢拔"的原则进行。

3)挡土墙应分段浇筑,分段位置宜在伸缩缝或沉降缝处。各段水平施工缝应错开,应预埋石榫,连接处混凝土面应凿毛,并在浇筑前清洗干净。

4)挡土墙的泄水孔预先埋设,向排水方向倾斜,保证排水顺畅,不得反倾斜。折线挡墙易积水处应设泄水孔。

4 路肩挡墙混凝土护栏底座:

1)路肩挡土墙混凝土护栏底座不得进行砂浆抹面;

2)护栏底座的模板安装必须符合相关的规定要求,宜采用无拉杆模板;

3)混凝土浇筑前应用高强度等级砂浆对墙身与模板之间的缝隙堵塞;

4)护栏底座的预埋件或预留孔位置及尺寸必须符合设计要求,护栏立柱的预留孔直径宜大于立柱直径的5cm左右。

5 墙背填料、填筑：

1）墙背填料应选择透水性好、易排水、抗剪强度大且稳定的填料。优先考虑碎石土、砂类土等力学性能稳定、受水影响较小的材料作填料。填料中严禁含有有机物、草皮、树根、冰块等杂物及生活垃圾。

2）浸水挡土墙的墙背应全部采用水稳定性和透水性良好的材料填筑。

3）挡土墙的墙体达到设计强度75%以上时，方可进行墙后填料施工。挡土墙顶面应做成与路肩一致的横坡度，以便排除路面水。

4）墙后须回填均匀、摊铺平整，填料顶面应按设计要求设置横坡，一般为2%～3%。墙后1m范围内，不得有大型机械行驶或作业。墙后填筑应分层填筑，分层压实厚度宜不大于150mm，压实度应满足规范和设计文件要求。

5.4.3 质量控制：

1 混凝土的表面应平整，表面的蜂窝麻面不得超过该面积的0.5%，深度不超过8mm。

2 位于弯道处的挡土墙应平顺、圆滑、美观。

3 实测项目质量应满足现行《公路工程质量检验评定标准 第一册 土建工程》（JTG F80/1）的要求。

5.5 边坡锚固

5.5.1 一般规定：

1 锚固工程施工设计图、边坡岩土性质等资料齐全。

2 锚固工程施工前，应先完成高边坡施工安全风险评估、专项施工方案等，并审查通过报批监理及相关建设单位。

3 锚固工程施工前，锚杆（索）应集中制作，由厂区生产。集中厂区场地需硬化，需具备防雨、存放等生产必要条件。

4 对已进行中线、水平、横断面复测的边坡，按设计图纸确定并标示出锚孔位置，并依据设计要求进行编号，油漆统一印模标示，编号文字高度为20cm。

5 边坡开挖施工，加固防护滞后时，须对锚杆（索）预张拉。预张拉工序需在锚孔注浆施工完成7d后进行，预张拉力值不宜超过设计拉力值的30%。严禁大面积一次性解除预张拉。

6 预应力锚杆（索）张拉锁定后48h内，当发现预应力损失大于锚杆（索）拉力设计值的10%时，应进行补偿张拉。

7 预应力锚固工程注浆完成后，应在注浆完成7d内及时进行长度检测；注浆体强度满足设计要求后，应尽快完成锚固工程的质量检测，包括：抗拔力检测和锁定拉力检测。预应力锚固工程质量检测合格前，严禁擅自切割锚筋体；检测合格后，应严格控制锚筋体切割预留长度,切口位置至外锚具的距离严禁小于100mm。

8 锚杆(索)封锚混凝土的强度等级及尺寸应严格按照设计要求执行,封锚混凝土应完全封闭锚垫板及钢绞线,且外形美观,严禁采用水泥砂浆封锚。

9 锚索体钢绞线表面应无损伤、无锈蚀。

10 锚杆(索)框架(地梁、十字板等)混凝土浇筑施工时,其模板需采用钢模板或钢塑模板,锚斜托部位需定制钢模板斜托,未配置钢模板不得进行混凝土浇筑施工。

5.5.2 施工工序:锚杆(索)施工的内容包括施工准备、造孔、锚杆(索)制作与安装、注浆、混凝土结构钢筋制作与安装、锚杆(索)张拉锁定、验收、封锚等7个环节。锚杆(索)施工工序如图5.5.2所示。

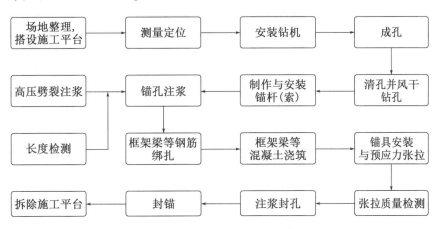

图 5.5.2 锚杆(索)施工工序

注:高压劈裂压浆限于设计要求提高地层锚固力或其他特殊要求。

5.5.3 施工准备:

1 设计锚固工程坡面开挖成形,并经验收合格。

2 测量放样,将锚孔位置准确测放在边坡上,并明显标识。

3 场地整理和搭设工作平台时,需对已施工完成的坡面依据设计图纸进行测量以确定预应力锚杆(索)的位置。锚孔在坡面上分布的原则:横平竖直、均匀过渡;平台等高、等分坡面。

4 预应力锚杆(索)应按设计要求进行基本试验,基本试验锚杆数量不得少于3根,基本试验孔参数指标同相应边坡工程孔指标,且具有锚孔深度代表性,其长度不应小于该级边坡锚孔最小深度。

5 基本试验应在锚固工程施工作业前进行,并完成试验报告,提交给监理工程师和设计代表,待试验报告批准并经设计锚固参数确认或调整后,方可进行锚固工程施工。锚杆(索)试验孔的具体位置应由监理工程师和设计代表现场确定。对于已经失稳或稳定性差的边坡,经监理工程师和设计代表同意后,可采用试验孔与工程孔同步进行的方式。

5.5.4 造孔：

1 锚孔放样：根据锚固工程施工设计图要求，将锚孔位置准确放样于坡面，孔位纵横误差不得超过50mm。对于特殊困难场地，需经设计、监理单位同意，在确保坡体稳定和结构安全的前提下，适当放宽定位精度或调整锚孔位置。

2 钻孔设备：钻孔机具应根据锚固地层的类别、锚孔孔径、锚孔深度及施工场地条件等选择。

3 钻机就位：锚孔钻进施工平台应满足承载力和稳定要求。钻机应根据锚孔位置安装固定，钻孔纵横误差不得超过50mm，高程误差不得超100mm，钻孔倾角和水平方向角误差不得超过1.0°。

4 钻进方式：锚孔钻进须采用无水干钻，严禁带水钻进；钻孔速度应根据钻机性能和锚固地层严格控制，防止钻孔扭曲和变径。

5 钻进过程：钻进施工过程需对锚孔的地层变化、钻进状态（钻压、钻速）、地下水及其他特殊情况进行现场记录。遇到塌孔、缩孔等不良钻进现象时，应立即停钻，并进行固壁灌浆处理（灌浆压力0.1~0.2MPa），待水泥砂浆初凝后，重新扫孔钻进；或采用钻孔跟管钻进的施工技术。

6 孔径孔深：钻头直径不得小于设计孔径，锚索钻孔大于设计孔深0.5m，锚杆钻孔大于设计孔深0.2m。

7 锚孔清理：钻孔达到设计深度后，须稳钻1~2min。钻孔结束后，需采用高压气体（风压0.2~0.4MPa）清孔。

8 锚孔检验：锚孔成孔后，须经现场监理检验合格，方可进行下一道工序。检验项目主要有孔径、孔深、孔渣、倾角等。

5.5.5 锚杆（索）制作与安装：

1 锚筋体材料主要以非预应力锚杆、预应力锚杆和预应力锚索为主。锚筋体采用的钢筋应符合下列规定：

1）预应力锚筋采用的高强度精轧螺纹钢、钢绞线等的力学性能指标应满足国家现行有关标准的规定。

2）锚杆的连接构件应能满足承受体的极限抗拉力。

2 锚筋体采用的钢绞线应符合下列规定：

1）用于制作预应力锚索的钢绞线、环氧涂层钢绞线、无黏结钢绞线，应符合现行《预应力混凝土用钢绞线》（GB/T 5224）的规定。

2）预应力钢绞线不得连接。

3 锚筋体的组装应符合下列规定：

1）锚杆组装时，钢筋应平直，除油、除锈处理合格。锚杆接头采用专用锚杆连接接头，不得采用焊接。锚杆体自由段按设计要求采用套管，与锚固段连接处应绑牢和封扎严实，并依设计要求防腐措施处理合格。

2）全长黏结型预应力锚杆，其锚筋材料通常采用高强度精轧螺纹钢，锚固段须采用套筒触角支架绑接定位支架,严禁焊接。

　　3)锚索编束,钢绞线或高强钢丝需顺直,严格依据设计尺寸下料。钢绞线需机械切割,严禁电弧切割。

　　4)锚索编束规定:根据锚索单束长度进行分组和标识。标识采用钢绞线上机械刻槽区分,并辅以不同颜色的标识,标识长度不小于10cm。

　　5)压力分散型(或拉压复合型)等荷载分散型锚索,锚固段的钢质承载板与挤压套连接应采用对拉螺栓固定,所有钢质材料外露部分要求涂刷防锈漆保护。挤压套要求进行现场挤压抽样检查,抽样数量宜为1%~2%,试验荷载不小于200kN;外锚头锚具须进行抽样试验,抽样数量为3%~5%,并满足相关技术指标要求。

　　6)锚索体底端导向帽尺寸应严格按设计要求制作,尺寸制作误差在±5mm之内,接装定位误差在±20mm之内,溢浆孔需满足顺畅溢浆要求。导向帽宜点焊固定于限位片,严禁直接焊接于钢绞线。

　　4　锚筋体自由段的防腐与隔离应满足设计要求。预应力锚杆采用注入油脂的套管防腐。

　　5　注浆管应深入导向帽,孔底返浆。注浆管指标应满足设计内径、强度等要求。

　　6　锚固段长度制作允许误差为±50mm,自由段长度除满足设计要求外,应充分考虑张拉设备和施工工艺要求。

　　7　锚筋体制作完成后,锚索须顺直完好、无弯折和破损,排列分布与编束绑架应符合设计要求。注浆套管、隔离(对中)支架、紧箍环及导向帽绑扎应符合设计要求;隔离(对中)支架、紧箍环等分布均匀、定位准确,绑扎结实稳固。按锚筋体长度和规格型号进行编号挂牌,使用前需经现场监理工程师认可。

　　8　锚筋体的储存应顺直整齐存放;运输、吊装等工序应控制弯折半径,不宜过小,避免改变和损伤钢筋体结构。

　　9　锚孔钻孔完成后,应立即安装锚筋体。锚筋体安装前,需检查锚筋体制作质量,确保锚筋体组装满足设计要求,并由现场监理工程师确认;锚筋体安装,应平顺推送,严禁抖动、扭转和串动,安装完成后,不得敲击、悬持重物等。

5.5.6　注浆施工:

　　1　锚固体安装完成后,需及时注浆施工,间隔时间不宜超过24h。

　　2　在选择注浆设备时,需根据设计要求的注浆材料、注浆方式和注浆压力及锚固地层等确定。

　　3　注浆材料依据设计图纸要求确定。一般宜选用灰砂比为1:1~1:2、水灰比为0.45~0.5的水泥砂浆或水灰比为0.45~0.5的纯水泥浆。有特殊要求时,可添加外加剂。

　　4　水泥宜使用普通硅酸盐水泥,不得使用高铝水泥;细集料粒径宜采用小于2mm的中细砂;含泥量按重量计不得大于3%,云母、有机质、硫化物及硫酸盐等有害物质含量按重量计不宜大于1%。除二次高压注浆(劈裂注浆)外,不宜采用膨胀剂。

　　5　注浆浆液应严格按照配合比搅拌均匀,随拌随用,浆液应在初凝前使用,并严防石块、杂物混入浆液,注浆浆体强度不应低于20MPa。

6 锚孔注浆须采用孔底返浆,至孔口溢出新鲜浆液,严禁抽拔注浆管或孔口注浆;孔口浆面回落,应在30min内进行2~3次孔底压注补浆,确保孔口浆体充满。浆体强度未达到设计要求前,严禁扰动锚筋体。

7 二次高压注浆的注浆材料宜选用水灰比为0.45~0.5的纯水泥浆。二次高压注浆应以初次浆体强度控制开始劈注时间(一次注浆体强度为5MPa);二次注浆管的锚固段需设花孔和封塞;二次注浆的高压注浆管应采用镀锌铁管、钢管或达到同等压力的HPPE管、PE管。

8 注浆作业过程应做好注浆记录。每批次注浆都应进行浆体强度试验,且不得少于两组。浆体未达到设计强度的70%时,严禁在锚筋体端头悬挂重物和拉绑碰撞。

5.5.7 锚杆(索)张拉锁定与封锚:

1 锚筋的张拉需采用专用设备,宜采用数控智能张拉设备,张拉机具设备需标定。

2 锚筋张拉应符合下列规定:

1)锚斜托台座的承压面应平整,并与锚筋的轴线方向垂直。

2)锚具安装应与锚垫板和千斤顶密贴对中,千斤顶轴线与锚孔及锚筋体轴线在一条直线上,不得弯压或偏折锚头。

3)锚固体与台座混凝土强度均达到设计强度时,方可进行张拉。

4)锚筋张拉应按要求进行,锚筋张拉顺序,须考虑邻近锚孔的相互影响。

5)锚筋正式张拉之前,应取0.1~0.2倍设计张拉力值对锚筋进行1~2次预张拉,确保锚固体各部分接触密贴,锚筋体顺布平直。

3 锚筋张拉程序应严格按照设计要求作业,常用张拉作业顺序和技术要求如下:

1)边坡锚固工程的锚筋张拉宜采用超张拉,超张拉力值为设计拉力值的1.05~1.1倍。锚杆(索)张拉荷载分级和位移观测时间见表5.5.7。

表5.5.7 锚杆(索)张拉荷载分级和位移观测时间

荷载分级	位移观测时间(min)		加荷速率(kN/min)
	岩层、砂土层	黏性土层	
$0.1~0.2N_t$	2	2	不大于100
$0.5N_t$	5	5	
$0.75N_t$	5	5	
$1.0N_t$	5	10	不大于50
$1.05~1.1N_t$	10	15	

注:N_t为锚杆(索)轴向拉力设计值。

2)荷载分散型锚索各单元锚索长度不同,张拉伸长量也不同。预应力张拉,需按照设计对各单元补偿张拉后,再同时张拉各单元锚索。

3)预应力张拉工序应满足现行《岩土锚杆与喷射混凝土支护工程技术规范》(GB 50086)的相关要求。预应力张拉补足差异荷载后分5级实施,即设计荷载的20%(或

10%)、50%、75%、100%和110%(或105%)。在张拉最后一级荷载时,应持荷稳定10~15min后卸荷锁定,同时分别记录每级荷载对应锚筋体的伸长量。锚索锁定后48h内,若发现预应力损失大于锚索拉力设计值的10%,应及时进行补偿张拉。

4)同一结构单元上的锚筋原则上要求同步进行张拉,确保结构受力均匀。因施工设备和结构条件限制,可按分组循环张拉。

5)采用循环张拉,宜按照先左右后中间、先上下后中间和先对角后中间的作业原则进行,合理拟定张拉方案,报设计、监理单位审核批准后,方可作业施工。

4 锚筋张拉至设定最大荷载值并持荷稳定10~15min,然后进行锁定作业。锁定使用锚具和夹片应符合技术标准与质量要求,夹片锁定深度应一致,满足相关规范要求。若预应力损失,应及时补偿张拉。

5 锚固工程张拉锁定后,需依据相关规定和规范要求进行锚固工程质量抽检试验。

6 锚杆(索)质量检验合格后,应及时封锚。锚筋体需采用机械切割,严禁电弧烧割,切除预留长度应不少于100mm。封锚混凝土强度不宜低于20MPa,封锚外观需美观。

5.5.8 锚杆(索)框架:

1 框架梁钢筋绑扎、混凝土浇筑:

1)根据设计图纸要求,对锚孔位置及框架放线定位,并满足图纸要求。

2)依据设计图纸确定框架竖梁、横梁尺寸及模板厚度,准确挖出竖梁、横梁肋轮廓,坡面必须刻槽,深度须满足设计图纸要求。

3)安置框架钢筋前,应先清除框架基础底浮渣,并对梁底地基砂浆进行调平,保证基础密实、平整。

4)混凝土施工模板须采用钢模板或塑钢模板,模板的拼装要平整、严密、净空尺寸准确,符合设计要求。模板表面刷隔离剂,便于脱模。

5)钢筋绑扎接头须错开,同一截面钢筋接头数不得超过钢筋总根数的1/2,且有焊接接头的截面之间的距离不得小于1m。

6)灌注混凝土前,须按设计要求固定锚具的螺旋钢筋、波纹管和锚垫板等,混凝土浇筑应加强锚孔周围、钢筋较密集振捣。

7)框架应分片施工,每片由2~3根立柱及其横梁、顶梁组成。两相邻框架接触处(横梁、顶梁)留2cm宽伸缩缝,浸沥青木板填塞。

8)坡面亏坡时,框架梁背侧坡面欠坡部位须采用浆砌片石或同强度等级混凝土回填修补。

9)框架梁浇筑完成,梁侧开挖槽部位,须采用砂浆或黏土回填夯实;须按设计要求完成框架梁内排水施工。

10)锚斜托部位须配置钢模板,整体浇筑;未配置钢模板不允许进行框架梁浇筑施工。

2 现浇混凝土框架梁,应达到设计强度后,方可进行锚索张拉。

5.5.9 质量控制：

1 锚固工程开工前,应对锚杆(索)进行基本试验(即破坏性抗拔试验),以确定锚杆(索)的极限承载力,检验锚杆(索)在超过设计拉力并接近极限拉力条件下的工作性能和安全程度,以便在正式使用前调整锚杆(索)结构参数或改进锚杆(索)的制作工艺,保证施工质量。

2 预应力锚固工程施工完成后,应按设计或规范要求对锚固工程进行验收试验。验收试验的锚杆(索)数量不得少于锚杆(索)总数的5%,且不少于3根。对有特殊要求的工程,可按设计要求增加验收锚杆(索)的数量。锚杆(索)的验收试验技术标准应满足相关要求。

3 锚孔检验标准如表5.5.9-1所示。

表5.5.9-1 锚孔检验标准

项次	检验项目		规定值或允许偏差	检验方法及频率
1	孔位	坡面纵向	±50mm	用经纬仪或拉线和尺量检查
		坡面横向	±50mm	
		孔口高程	±100mm	用水准仪或拉线和尺量检查
2	孔向	孔轴线倾角	±1.0°	用测角仪或地质罗盘检查
		孔轴线方位	±1.0°	用测角仪或地质罗盘检查
		孔底偏斜	锚孔深度的3%	用钻孔测斜仪检查
3	孔径		设计孔径的0~5%	验孔或尺量检查
4	孔深		大于设计深度200~500mm	验孔或尺量检查

4 锚索张拉前应对张拉设备进行标定,孔口支撑墩尺寸和混凝土强度应满足张拉要求,张拉过程中应仔细观察锚索应力的变化,如发现明显的松弛,应分析原因并采取措施。

5 压浆过程中应详细记录水泥浆用量。如用浆量太大或太少,应做好记录,根据工程情况分析原因。

6 其他实测项目参见现行《公路工程质量检验评定标准 第一册 土建工程》(JTG F80/1)。

7 地梁和框架混凝土质量应满足下列要求：

1) 预留(埋)孔位、孔径和倾角等应符合施工图设计要求。

2) 锚斜托的承力面应平整,且与锚索受力方向垂直。

3) 锚杆(索)地梁或框架混凝土强度满足设计要求,外观上顺直、美观,无麻面。

4) 锚杆(索)地梁或框架的允许偏差和检查方法应符合表5.5.9-2的规定。

表5.5.9-2 锚杆(索)地梁或框架的允许偏差和检查方法

序号	检查项目	规定值或允许偏差	检查方法
1	孔距偏差	±50mm	每20m用经纬仪检查3点
2	孔口高程	±100mm	每20m用水准仪检查3点

续上表

序号	检查项目	规定值或允许偏差	检查方法
3	锚杆(索)轴线误差	±3°	查施工记录,每20m查2根
4	框架地梁混凝土强度	满足设计要求	每个工点取3组试样试验
5	框架地梁断面尺寸	满足设计要求	每5根抽查1根
6	夹片深度及一致性	满足规范要求	逐孔

5)钢筋制作与安装符合现行《公路桥涵施工技术规范》(JTG/T 3650)的规定。

5.5.10 锚固工程检测:检测内容主要为锚索(杆)抗拔力和锚索(杆)长度。

1 锚索(杆)抗拔力检测:锚固工程抗拔力检测试验,需以普遍性和代表性的原则选取检测孔以及日常检查情况进行随机选取。抽检数量为工程锚索(杆)总数的2%~5%,且每个边坡不少于3根。

2 锚索(杆)长度检测:锚固工程锚筋体长度的检测,采取现场随机抽取的原则,抽检数量为工程锚索(杆)总数的2%~5%,且同一类型锚筋不得少于3根。边坡锚固工程施工质量标准见表5.5.10。

表5.5.10 边坡锚固工程施工质量标准

序号	检查项目	规定值或允许偏差	检查方法及频率
1	混凝土强度	不小于设计强度	每台班2组试件
2	注浆强度	不小于设计强度	每台班2组试件
3	钻孔位置	100mm	钢尺:逐孔检查
4	钻孔倾角、水平方向角	与设计锚固轴线的倾角、水平方向角偏差为±1°	地质罗盘仪:逐孔检查
5	锚孔深度	不小于设计深度	尺量:抽查20%
6	锚杆(索)间距	±100mm	尺量:抽查20%
7	锚杆拔力	拔力平均值:≥设计值,最小拔力:≥0.9倍设计值	拔力试验:锚杆数1%,且不少于3根
8	喷层厚度	平均厚度:≥设计厚度;60%检查点的厚度:≥设计厚度;最小厚度:≥0.5倍设计厚度,且不小于设计规定	尺量(凿孔)或雷达断面仪:每10m检查2个断面,每3m检查2点
9	锚索张拉应力	符合设计要求	油压表:每索由读数反算
10	张拉伸长率	符合设计要求;设计未规定时采用±6%	尺量:每索
11	断丝、滑丝数	每束1根,且每断面不超过钢线总数的1%	目测:逐根(束)检查

5.6 抗滑桩工程

5.6.1 一般规定：

1 相关技术文件和施工方案编制已完成并经审核批准。

2 技术交底需明确质量、安全、工期、环保等要求；钢筋、水泥、砂、碎石、外加剂、掺合料等材料均已到场并通过检验。

3 施工放样已完成，且经过检查复核，精度满足规范要求。

4 按照设计资料提供的地质剖面图，选用合适的成孔方式；桩孔施工前应整平作业场地，做好周边地表截、排水及防渗工作。

5 钢筋笼加工机具、班组已到位，并完成现场钢筋笼制作技术交底。

6 混凝土施工配合比已调配完成，拌和站调试完毕，可随时供应混凝土。

7 施工便道，须满足施工设备和材料运送要求。

5.6.2 机械成孔：

1 抗滑桩开挖前准备工作：

1）根据施工图坐标，放样抗滑桩平面位置。

2）平整孔口场地，做好桩区地表截、排水及防渗工作。

3）设置抗滑桩上侧坡面变形、滑动观测设施。

4）孔桩开挖应避开雨天，应按设计要求间隔跳桩开挖。开挖过程中应请设计、监理人员核对桩孔地质情况与设计是否相符。

2 测量放样：按照控制网及桩位设计坐标，精确定位桩位中心点，并多次进行验证复核保护。

3 钻机就位：钻机钻头中心定位准确，计算机调平精确。

4 埋设护筒：钻孔前选择坚固、不漏水的孔口护筒。护筒内径大于钻头直径约20cm，护筒顶面高出施工水位或地下水位2m，高出地面0.2~0.3m。

5 测量复核：按照设计坐标，用全站仪精确复核埋设桩位钢护筒中心与桩位设计中心点偏差状况。

6 旋挖钻进：旋挖钻机可根据不同地层选用相应的钻具进行钻进，提高工作效率，施工过程中通过钻机本身的三向垂直控制系统反复检查成孔的垂直度，确保成孔质量。

7 终孔：钻孔达到设计深度后，必须核实地质情况。通过钻渣，与地质柱状图对照，以验证地质情况是否满足设计要求。如与勘测设计资料不符，应及时通知监理工程师及现场设计代表进行确认处理。如满足设计要求，应立即对孔深、孔径、孔型进行检查。采用测孔仪检测孔径、孔壁、垂直度等项目。

5.6.3 桩身钢筋制作与安装：

1 桩身钢筋制作应在钢筋加工厂集中加工成型节段并运至施工现场，吊装入桩内。

2 桩身钢筋节段间连接采用焊接或机械连接,采用焊接时,需对主筋进行预弯,确保上下节主筋焊接完在一条轴线上。

3 钢筋安装完成后,应检查保护层厚度是否符合要求,保护层垫块应采用与桩身混凝土强度等级相同的混凝土垫块。

4 下放钢筋笼应缓慢匀速下降,严禁下笼时摆动、中心不重合、急降急停,以保证成孔孔壁的稳定,保证沉渣厚度符合要求。

5.6.4 桩身浇筑:

1 混凝土由拌和站集中加工,混凝土罐车运送至现场浇筑。

2 混凝土浇筑采用串筒下料,串筒下口距桩底高度不大于2m。浇筑过程必须不间断进行,以免形成相对软弱截面,如因故中断浇筑,桩身接缝面必须按设计要求做好接缝处理,严禁施工缝处在地层滑动面上。

3 混凝土浇筑过程采用插入式振捣棒振捣,移动间距不应超过振捣棒作用半径的1.5倍,插入下层混凝土不少于50mm,确保混凝土振捣密实。

5.6.5 质量检测:

1 抗滑桩施工过程中,每根桩应依据设计图纸预埋相应根数声测管,施工完成后,应对全部抗滑桩进行超声波透射法检测,确保抗滑桩施工质量。当抗滑桩检测结果显示抗滑桩存在异常现象时,应对桩身混凝土进行取芯检查。

2 采用钻孔取芯法进行桩身混凝土强度检测应按现行福建省地方标准《福建省公路工程基桩钻芯法检测技术规程》(DB35/T 1446)规定执行。钻芯法试验,钻芯孔数不得少于1孔,钻孔位置宜在距桩中心10~15cm位置。

3 低应变法检测,受检桩身混凝土强度不低于设计70%或试块强度不低于15MPa,凿除桩顶浮浆、松散或破损部分,桩顶表面应平整、干净、无积水。

4 对于预应力锚索抗滑桩施工,需进行锚索基本试验(详见本指南第5.5节)。

5 预应力锚索抗滑桩施工完成后,应按设计或规范要求对锚固工程进行验收试验(详见本指南第5.5节)。

5.6.6 质量控制:

1 开挖断面尺寸不得小于护壁厚度加桩身断面尺寸。

2 开挖深度应达到设计要求。

3 实测项目见《公路工程质量检验评定标准 第一册 土建工程》(JTG F80/1)。

5.7 土钉支护

5.7.1 施工工序:土钉施工工序如图5.7.1所示。

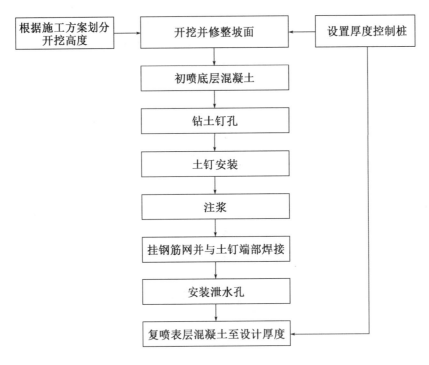

图 5.7.1 土钉施工工序

5.7.2 施工要点：

1 坡面修整。土方应分层分段开挖，单层开挖深度与土钉竖向间距一致，开挖高程为土钉位置下 200mm。单层开挖后应进行修整平顺，清除表面松动土石体，保障喷射混凝土面层平整。

2 初喷混凝土。喷射混凝土喷射顺序应自上而下，喷头与受喷面距离宜控制在 0.8～1.5m 范围内，喷射方向垂直喷射面，一次喷射厚度不宜小于 40mm，喷射混凝土宜适当添加速凝剂以提高混凝土的凝结速度，防止塌落。

3 土钉定位钻孔清孔。钻孔前应测量、定位并标示钻孔孔位。土钉开孔钻进时需控制钻进速度，缓慢进尺；达稳定地层时，方可以正常速度钻进。钻孔不得扰动周围地层，钻孔后清孔需采用高压空气清孔。

4 土钉安装。土钉主筋按设计长度加 20cm 下料，外端设 90°、20cm 长的弯钩，对中支架间距宜为 1～2m，支架构造应不阻碍浆液自由流通；土钉主筋安放时，注浆管与主筋捆绑，注浆管离孔底约 0.5m；土钉外露端部与面层内的加强筋及钢筋网通过加强筋连接。

5 注浆。注浆需采用压力注浆，导管应插入距孔底 300～500mm 处，并在孔口设止浆塞，浆液注满后持压 1～2min。注浆时导管宜缓慢均匀拔出，出浆口需埋在孔中浆体表面下，保证孔中气体能全部排出。浆液配合比和注浆压力需按设计要求控制。

6 钢筋网绑扎。钢筋网应随土钉分层施工、逐层设置，保护层厚度不宜小于 20mm，搭接长度不应小于 $30d$（d 为钢筋直径），单面焊长度不应小于 $10d$，钢筋网应延伸至地表面，并超出边坡线 0.5m。

7 安装泄水孔。按设计要求施工安装泄水管，内侧管端需设置反滤层；排水管间距宜为1.5~2m。

8 喷射混凝土。土钉抽检及钢筋网验收合格后,方可开展混凝土喷射工作,喷头与受喷面保持垂直,面层厚度超过100mm时,混凝土应分层喷射,第一层厚度不宜小于40mm,混凝土初凝后方可喷射后一层混凝土,喷射搭接宽度不小于2倍厚度,接缝应错开。混凝土终凝后2h内需喷水养护。

9 土钉支护应符合现行《公路路基施工技术规范》(JTG/T 3610)第6.13节的相关规定。

10 土钉施工应符合下列规定:

①施工前应进行土钉现场抗拉验证试验。

②钻孔完成后,应清除孔内残浆、残渣等杂物。

③土钉和注浆排气管应同时送入钻孔内,注浆应饱满。

5.7.3 质量检测:土钉质量检查应符合现行《公路路基施工技术规范》(JTG/T 3610)第6.13节的相关规定。

5.7.4 质量控制:

1 土钉墙施工必须遵循"超前支护,分层分段,逐层施作,限时封闭,严禁超挖"的原则。

2 每层土钉施工后,按要求抽查土钉的抗拔力。

3 钻孔后,应在24h内完成土钉安放和喷射混凝土面层,淤泥质土应在12h内完成土钉安放和喷射混凝土面层。

4 上一层土钉完成注浆48h后,才可开挖下层土方。

5 喷射混凝土的集料最大粒径不应大于15mm;作业应分段分片一次进行,同一段内应自下而上,一次喷射厚度不宜大于120mm。

6 土钉筋体保护层厚度不应小于25mm。

5.8 柔性防护网系统

5.8.1 施工工序:柔性防护网施工工序如图5.8-1所示。

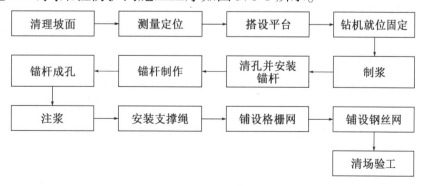

图5.8-1 柔性防护网施工工序

5.8.2 施工要点：

1 施工前对坡面防护区域内的浮土及浮石进行清除或局部加固。

2 放线测量确定锚杆孔位，各孔位处凿深度不小于锚杆外露环套长度的凹槽。

3 按设计孔深钻孔并清孔，钻孔深应不小于设计锚杆长度5cm，孔径不小于设计规定。

4 注浆并插入锚杆，浆液采用纯水泥浆液，配合比需满足设计要求。

5 安装纵向和横向支撑绳，按设计要求串钢绳、张紧、安装绳卡与锚杆外露环套连接固定。

6 自上而下铺挂格栅网，格栅网间重叠宽度不小于5cm，按设计要求缝合格栅网（以及格栅网与支撑绳间）。

7 自上而下铺设钢丝绳网并缝合，缝合绳采用8mm钢绳，缝合绳张拉并与支撑绳连接固定。

8 主动防护系统施工应按钻孔、安设锚杆、安装纵向和横向支撑绳、挂网、缝合的工序进行，并应符合下列规定：

1）锚杆孔位应准确，局部坡面凹陷处应增加锚杆，保证防护网紧贴坡面。

2）孔位因岩质疏松、破碎不能成孔时，应凿除松散部位，并用强度等级不低于C15的混凝土回填。

3）纵向和横向支撑绳应与锚杆外露环套逐个粘接牢固，安装后应拉紧，使其紧贴坡面。

4）挂网应从上向下进行，并应保证网间的重叠宽度和缝合满足要求。柔性防护网分两层时，应先挂小孔径网，后挂大孔径网。

5）缝合应从上向下进行，缝合应牢固，缝合绳应与网绳固定粘接。

6）安装完毕后，应检查钢绳网与山体间的贴合是否紧密。局部与岩体间隙过大时，应在相应部位增设锚杆。

9 被动防护系统应按施工地脚锚杆、安设钢柱和锚杆、安设支撑绳及附件、挂网的工序进行，并应符合下列规定：

1）钢材应进行防腐处理。

2）钢柱和锚杆基础应准确放样。

3）钢柱安置位置、角度应满足设计要求。

4）支撑绳安置完成后应用绳卡等附件固定牢固，侧拉索的安设应在上拉绳安装好后进行。下支撑绳应紧贴地面，无缝隙。

5）柔性网挂好后应用缝合绳固定，网底边应紧贴地面，无缝隙。

10 柔性防护网系统施工质量应符合现行《公路路基施工技术规范》(JTG/T 3610)第6.14节的相关规定。

5.8.3 质量控制：

1 材料进场后需检验合格后方可采用。水泥浆拌和均匀，随配随用；对于其配合比和均匀性,单批次检验不少于1次,条件变化时应及时检验。

2 清除坡面防护区域内浮土与浮石,应修整不利于施工安装和影响系统安装后正常功能发挥的局部地形(局部堆积体和凸起体等)。

3 确定锚杆孔位时在孔间距允许的调整量范围内,宜在低凹处选定锚杆孔位;对非低凹处或不能满足安装后贴面的锚杆孔,应在每一空位处凿一深度不小于锚杆外露环套长度的凹坑,一般直径20cm,深20cm。

4 按设计深度钻凿锚杆孔并清孔,孔深应大于设计5~10cm,孔径不小于设计,当设备受限制时,可增加锚杆孔,形成人字形锚杆,两股钢绳夹角为15°~30°,以达到锚固效果。

5 砂浆的配合比严格按照设计规定的强度等级进行,注浆应饱满,养护时间不少于3d,养护完成后再进行下一道工序。

6 特殊路基

6.1 一般规定

6.1.1 施工前应对地质进行复勘,判别软土的范围、层厚、类型及其工程性质,核查设计处理方式是否技术可靠、经济合理、施工可行。

6.1.2 软土路基的类型较多,各地处理的方式和经验不同,在施工时应按设计要求选择合理的处理方案,或参考规范选择符合实际的方式。

6.1.3 特殊路基施工,应进行基础试验,编制专项施工组织设计,批准后实施。

6.1.4 施工技术准备完善,调研类似工程处理经验,在充分试验、论证、咨询的基础上,对施工方法、施工技术、施工工艺进行改进、优化、完善。

6.1.5 施工中如实际地质情况与设计不符或设计处治方案因故不能实施,应按有关规定办理。

6.1.6 特殊路基处理施工中采用的机械、设备的性能、类型必须符合设计及规范要求。

6.1.7 采用新技术、新工艺、新设备、新材料时,须制定相应的工艺、质量标准。

6.1.8 特殊路基宜进行动态监控。

6.2 滑坡地段路基

6.2.1 基本要求:
1 地表排水系统已完善,裂缝夯填完成,无场地积水和漫流等情况。
2 滑坡体病害的性质和原因及地质情况已查明。
3 项目建设单位应会同设计、施工、监理及监测单位联合成立滑坡治理专项小组,及时沟通联系,加强过程管理。

4 滑坡段的专项施工方案和应急预案已完成编制并审查通过。

5 设计、施工、监理及监测单位应加强雨季施工期间滑坡地段路基的安全管理,施工单位需编制雨季施工安全管理措施,并报监理审查批准后实施。

6 监测单位应制定详细的监测方案,加大监测技术手段和力度,确保监测数据的准确性和及时性。同时应定期监测并将监测结果及时报建设单位、设计、监理及施工单位;监测孔可结合工程勘察钻孔布设。

6.2.2 施工工序:滑坡地段路基施工工序如图 6.2.2 所示。

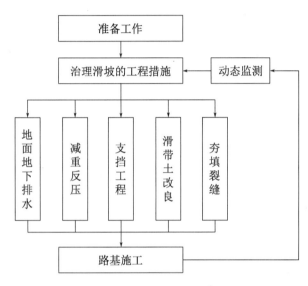

图 6.2.2 滑坡地段路基施工工序

6.2.3 施工要点:

1 滑坡处理前,禁止在滑坡体上增加荷载,严禁在滑坡体前缘减载。

2 结合滑坡地段的自然排水沟及永久性排水工程,在施工过程中应将地表水和滑坡体内的水疏通到自然沟或桥涵处排出,以免加剧滑坡病害的发展和扩大。

3 根据滑坡处治设计图,选择合适的施工方案与施工组织设计进行处治。滑坡处治应遵循以下原则:

1)先应急工程,后永久工程。

2)尽量选择旱季施工。

3)截断流向滑坡体的地表水、地下水及临时用水,做好滑坡体排水系统,严禁场地积水或漫流。

4)场地堆料和弃土及排水不应影响滑坡的稳定性。

5)抗滑支挡工程施工应有合理的施工方法和施工顺序,在上一道工序未达到设计要求前,不得进行下一道工序施工。

6)支挡工程的施工应从滑坡两侧向主轴靠近,并应跳槽开挖,随挖随支挡,使支挡工程尽快发挥作用。

7）滑坡体的卸载应在滑坡体的上部,严禁在滑坡下部和前部大拉槽、大放坡,以免加剧滑坡的滑动。

4 滑坡地段进行边坡开挖,应自上而下进行。每开挖一级应对滑坡进行工程地质评价和坡体稳定性分析。需对边坡采取加固时,应停止开挖下级边坡,待加固工程起到稳定边坡作用后,方可进行下级边坡开挖。

5 滑坡治理工程应加强施工期间的安全预警机制的建立和管理。施工单位应组织专人对坡体裂缝观测、地表变形监测、宏观变形巡查等普通监测负责;坡体深部位移监测、地下水监测、应力监测等专业监测应由专业监测小组进行监测。各监测结果及时上报相关单位,以便及时掌握坡体变形情况,指导工程施工,确保工程安全。

6.2.4 质量控制:

1 抗滑桩、预应力锚索(杆)、挡土墙等防护工程措施施工质量应满足相应规范及福建省相关文件的要求。

2 封闭外界水源侵入坡体,完善地表排水系统;滑坡体排水工程措施须依据工程实际情况完善排水工程。排水系统施工质量应满足相应规范要求。

3 必须建立滑坡体变形监测系统,制订变形监测方案及确定监测方法、频率等详细实施措施。监测工作必须由满足资质要求的单位承担,坡体变形监测成果必须按时报建设单位、监理、施工及相关管理单位。

4 实测项目质量应满足现行《公路工程质量检验评定标准 第一册 土建工程》(JTG F80/1)的要求。

6.3 强夯置换处理

6.3.1 基本要求:
1 原材料、半成品、成品的检验已完成。
2 已取得有关软土地基处治试验路段的资料和总结报告。
3 沉降观测所需的测试仪具已落实到位。
4 分项工程施工方案开工报告已得到批复,施工人员、施工机具等满足施工进度的要求。

6.3.2 施工工序:强夯置换处理施工工序如图6.3.2所示。

6.3.3 施工要点:
1 强夯置换法适用于处理高饱和度的粉土与软塑、流塑的软黏土地基,处理深度不宜大于7m。
2 强夯置换处理范围应为坡脚外增加一排置换桩。
3 强夯置换桩顶应铺设一层厚度不小于0.5m的粒料垫层,垫层材料与桩体材料相同,粒径不宜大于100mm。

6 特殊路基

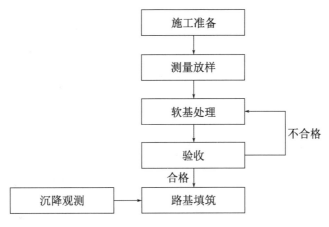

图 6.3.2 强夯置换处理施工工序

6.3.4 质量控制：

1 施工前,应选择有代表性并不小于 500m² 的路段进行试夯,确定最佳夯击能、间歇时间、夯间距、夯击次数、夯击遍数等参数。

2 实测项目质量应满足现行《公路工程质量检验评定标准 第一册 土建工程》(JTG F80/1)的要求。

6.4 软基挖除换填处理

6.4.1 基本要求：

1 原材料、半成品、成品的检验已完成。

2 已取得有关软土地基处治试验路段的资料和总结报告。

3 沉降观测所需的测试仪具已落实到位。

4 分项工程施工方案开工报告已得到批复,施工人员、施工机具等满足施工进度的要求。

6.4.2 施工工序：软基挖除换填处理施工工序如图 6.4.2 所示。

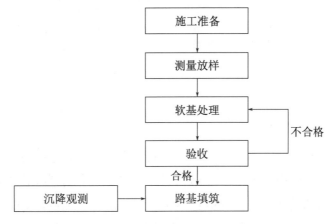

图 6.4.2 软基挖除换填处理施工工序

6.4.3 施工要点：

1 挖除换填适用于厚度小于3m的不良土，并易于挖出。

2 按设计要求，将原地面以下的一定深度和范围内的不良土挖除，换填符合设计要求的材料，分层填筑并压实至设计规定的压实度。

6.4.4 质量控制：

1 施工时，应分层填筑、压实。

2 实测项目质量应满足现行《公路工程质量检验评定标准 第一册 土建工程》(JTG F80/1)的要求。

6.5 软基垫层处理

6.5.1 基本要求：

(1)原材料、半成品、成品的检验已完成。

(2)已取得有关软土地基处治试验路段的资料和总结报告。

(3)沉降观测所需的测试仪具已落实到位。

(4)分项工程施工方案开工报告已得到批复，施工人员、施工机具等满足施工进度的要求。

6.5.2 施工工序： 软基垫层处理施工工序如图6.5.2所示。

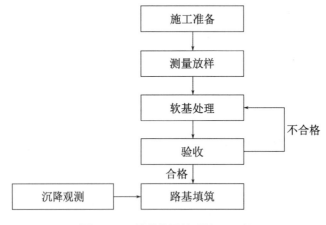

图6.5.2 软基垫层处理施工工序

6.5.3 施工要点：

1 用砂和砂石料作为垫层材料时，应选用颗粒级配良好，质地坚硬的中、粗砂为佳，可掺入一定数量的碎(卵)石，但要分布均匀，颗粒的不均匀系数(C_u)最好不小于10。

2 砂垫层的材料含泥量一般不超过5%，也不得含有植物残体、垃圾等有机杂质。如用作排水固结地基的砂、石材料，含泥量不应大于3%，并且不应夹有过大的石块或碎石(<50mm)。

3 施工中应避免砂或砂砾受到污染,严重污染的应换料重填。

4 砂垫层断面图、砂垫层加土工布断面图如图6.5.3-1和图6.5.3-2所示。

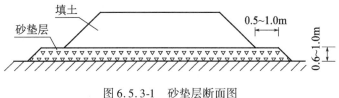

图6.5.3-1 砂垫层断面图

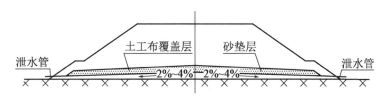

图6.5.3-2 砂垫层加土工布断面图

6.5.4 质量控制:

1 按设计要求,在清理的基底上铺筑符合要求的透水性材料,分层铺筑、压实,并宽出路基边脚不少于0.5m,两侧端按设计进行防护。

2 当地形有起伏时应开挖台阶,台阶宽度宜为0.5~1m。

3 实测项目质量应满足现行《公路工程质量检验评定标准 第一册 土建工程》(JTG F80/1)的要求。

6.6 软基反压护道处理

6.6.1 基本要求:

(1)填料材质应符合设计要求。

(2)反压护道压实度符合设计要求。

6.6.2 施工工序:软基反压护道处理施工工序如图6.6.2所示。

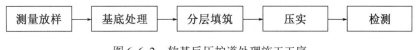

图6.6.2 软基反压护道处理施工工序

6.6.3 施工要点:

1 施工前应对原地面进行清理。

2 反压护道应与路堤同时填筑,分开填筑时,必须在路堤达临界高度前将反压护道填筑好。护道设置排水坡,设置排水沟与截水沟相连。

3 填筑时应分层,分层松铺厚度应经试验确定;逐层压实,压实度符合设计要求。
4 反压护道施工示意图如图6.6.3所示。

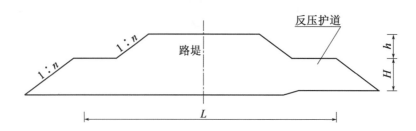

图6.6.3 反压护道施工示意图

6.6.4 质量控制:
1 施工时,反压护道应与路基同步填筑,材料与主路基一致,并符合设计要求。
2 实测项目质量应满足现行《公路工程质量检验评定标准 第一册 土建工程》(JTG F80/1)的要求。

6.7 软基砂桩、碎石桩处理

6.7.1 基本要求:
1 提前21d提供用于工程的砂、碎石材质检验报告,施工设备、施工方法,报监理单位批准。
2 施工前应进行成桩试验,确定施工工艺和参数。试桩数量应符合设计要求,且不得少于2根。
3 砂桩桩体用砂应选用一定级配的中、粗、砾砂,含泥量不得大于3%;也可使用砂砾混合料,含泥量应小于5%;碎石桩桩体应选用一定级配且未风化的碎石或砾石,最大粒径宜不大于50mm,含泥量应小于5%。

6.7.2 施工工序:砂桩、碎石桩施工工序如图6.7.2所示。

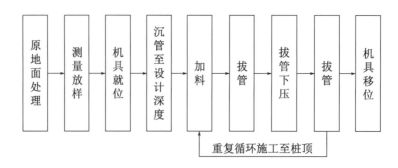

图6.7.2 砂桩、碎石桩施工工序

6.7.3 施工要点：

1 振动成桩法宜采用重复压拔管法。

2 振动法施工应严格控制拔管高度、拔管速度、压管次数和时间、填砂量、电动机工作电流，保证桩体连续、均匀、密实。

3 锤击法施工应根据冲击锤的能量，控制拔管高度、分段填砂量、贯入度，以确保桩体质量。

4 施工中应选用适宜的桩尖结构。当选用活瓣式桩靴时，砂性土地基宜采用尖锥形，黏性土地基宜采用平底形。

5 当实际灌砂（或碎石）量没有达到设计要求时，应在原位将桩打入。补充填灌砂（或碎石）后复打一次，或在旁边补桩。

6 砂（或碎石）桩施工时，砂性土地基应从外围或两侧向中间进行；以挤密为主的桩宜隔排施工。软弱黏性土地基宜从中间向外围或隔排施工。

7 质量检测应在施工结束后间隔一定时间进行。饱和黏性土宜为2周，其他土为3~5d。

8 砂（或碎石）桩处理软弱土地基应检验成桩及复合地基质量，其复合地基的承载力应符合设计要求。砂（或碎石）桩处理后的可液化土地基，桩间土的加固效果应符合设计要求。

9 砂桩2m深度以下桩身密实度必须大于中密状态（$N_{63.5} \geqslant 10$），碎石桩桩身密实度应符合设计要求。

10 砂（碎）石桩顶部应按设计要求设置砂（碎石）垫层以利于地下水排出，设计无要求时，砂（碎石）垫层厚度不小于50cm。

6.7.4 质量控制：砂（或碎石）桩施工允许偏差见表6.7.4。

表6.7.4 砂（或碎石）桩施工允许偏差

项次	项目	允许偏差
1	桩距	±150mm
2	桩径	不小于设计值
3	桩长	不小于设计值
4	竖直度	1.5%
5	灌砂（或碎石）量	不小于设计值

注：碎石桩密实度抽查要求用重Ⅱ型动力触探测试，贯入量10cm时，击数应大于5次。

6.8 软基水泥粉煤灰碎石（CFG）桩处理

6.8.1 基本要求：

1 核查地质资料，结合设计参数，选择合适的施工机械和施工方法。

2 测量放样,平整场地,清除障碍物。

3 选用的水泥、粉煤灰、碎石及外加剂等原材料应符合设计要求,并按相关规定进行检验。

4 按设计要求进行室内配合比试验,选定合适的配合比。

5 施工前进行成桩工艺试验,确定施工工艺和参数,试桩数量应符合设计要求且不得少于2根。

6.8.2 施工工序:CFG桩振动沉管灌注施工工序如图6.8.2所示。

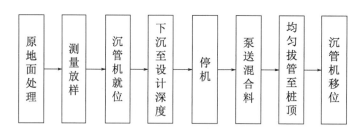

图6.8.2 CFG桩振动沉管灌注施工工序

6.8.3 施工要点:

1 CFG桩的数量、布置形式及间距符合设计要求。

2 桩长、桩顶高程及直径应符合设计要求。

3 褥垫层厚度和密实度应符合设计要求。

4 CFG桩施工中,每台班均须制作检查试件,进行28d强度检验。成桩28d后应及时进行单桩承载力或复合地基承载力试验,其承载力符合设计要求。

5 应做好清土、截桩头防断桩和防扰动桩间土措施。

1)成桩后混合料结硬前宜人工将有效桩顶高程200mm以上的桩体挖除,用水准仪严格控制挖除后的桩顶高程。

2)全部桩施工完后,挖掘机应自垫路(路面至挖除后桩顶的距离不小于1.5m,基底下土和弃土较软时取高值)进入现场清除现桩顶高程以上的土。

3)人工清除余土至有效桩顶高程。

4)如在桩身混凝土强度上来后截桩,则截桩头宜用无齿锯在有效桩顶高程处切深1~2cm的圆环,再用两钢钎相对同时敲击断桩。

5)清土、截桩头后禁止对桩间土产生扰动的施工设备(如轮胎式运土车等)在施工场地内通行,防止产生"橡皮土"。

6.8.4 质量控制:

CFG桩施工允许偏差应按表6.8.4的要求控制。

表 6.8.4 CFG 桩施工允许偏差

序号	项目	允许偏差
1	桩距	±100mm
2	桩身垂直度	1.0%
3	桩径	不小于设计值
4	桩长	不小于设计值
5	桩体强度	不小于设计值
6	单桩和复合地基承载力	不小于设计值

6.9 软基静压桩处理

6.9.1 基本要求：

1 测量放样,平整场地,清除障碍物。

2 按设计要求检验预制桩的质量。桩头损坏部分应截去,桩顶不平时应修切或修垫(钢筋混凝土桩)平整。

3 试桩按照设计要求及有关规定进行。

6.9.2 施工工序：静压桩施工工序如图 6.9.2 所示。

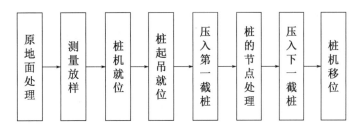

图 6.9.2 静压桩施工工序

6.9.3 施工要点：

1 桩机按设计桩位就位,静压管桩施工如图 6.9.3 所示。

2 接桩采用端板式焊接接头：

1)管端接触后,观测桩错位偏差,如有错位可使用木槌敲击上节桩的端板,将错位偏差控制在 2mm 以内。也可以在下节桩的桩头加上定位板,依靠定位板将上下桩接直。

2)用钢丝刷清理坡口,直至坡口呈金属光泽。将桩端接缝空隙用楔形铁片全部填实焊牢。

3)坡口槽电焊要分层对称进行,先在坡口四周对称点焊 4~6 个点,使上、下节桩固定好后再开始分层焊接。焊接时由两个焊工对称进行,焊接层数不得少于两层。要保证焊缝饱满连续。

图 6.9.3 静压管桩施工

4)每层焊接好后自然冷却时间至少 3min 才能进行下一次焊接。最终焊完后要自然冷却时间至少 8～10min 才能进行静压施工,但严禁用水冷却,以防止高温焊缝冷脆而被压坏。

5)接桩动作必须迅速,尽量保证连续施工,避免因中断时间过长,压桩阻力增大,造成后续施工困难。

3 静压桩应压至设计高程,其承载力应符合设计要求。否则将按规定办理加长或减短的变更。

4 终止压桩的标准:一般情况下,对于摩擦桩以达到持力层(桩设计高程)作为桩终止压桩的标准,但当静压力显著增加时要注意提前终止。对于 $\phi 40mm$ 的先张法预应力混凝土薄壁(PTC)管桩,当静压力大于设计静压力时可以终止静压,如设计没有提供则可以取不小于 1000kN。

5 成桩过程中遇有较难穿透的土层时,接桩宜在桩尖穿过该层土后进行。

6 桩帽基坑开挖可以采用人工开挖,也可以采用人工配合小型挖掘机进行开挖。基坑两侧坡度按照直坡进行开挖,开挖的位置、深度及基底尺寸应满足设计图纸要求。

7 桩顶高程高于设计高程时,可用电锯或者风镐截去多余的桩段。使用风镐截桩时必须防止破坏保留部分的混凝土,在 20cm 范围内不得继续使用风镐截桩,截桩时应保留桩体的钢筋,并与桩帽钢筋连接。

8 桩伸入桩帽的长度不得小于 0.75 倍桩径,且须在桩顶内部设置圆形挂塞,并浇筑桩芯混凝土,桩芯混凝土伸入桩帽底面以下不得小于 1 倍桩径,混凝土的强度等级不应低于桩帽混凝土强度等级。

9 桩帽施工时桩与桩帽钢筋的连接应符合设计要求,静压桩与桩帽钢筋连接施工。

6.9.4 质量控制:静压桩施工质量标准应符合表 6.9.4 的规定。

表 6.9.4 静压桩施工质量标准

项次	检查项目	规定值或允许偏差
1	桩距	±100mm
2	桩长	不小于设计值
3	竖直度	1%
4	单桩承载力	不小于设计值
5	托板高度)	+20mm, −10mm
6	托板长度和高度	+30mm, −20mm
7	托板位置	50mm

6.10 河、塘、湖泊(水库)、海地区路基施工

6.10.1 基本要求：

1 山坡地质、路基基底、水文条件、洪水影响等情况已查清,并制订了相应措施。

2 分项工程开工报告已得到批复,施工现场人员、施工机具满足施工进度及质量要求。

6.10.2 施工工序：河、塘、湖泊(水库)、海地区路基施工工序如图 6.10.2 所示。

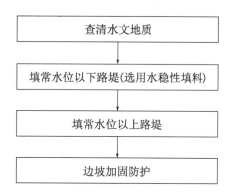

图 6.10.2 河、塘、湖泊(水库)、海地区路基施工工序

6.10.3 施工要点：

1 常水位以下或受水位涨落影响路堤的施工材料,应选用水稳性良好的材料,其粒径不宜大于 30cm。

2 严格按设计要求,并根据水流对路基破坏作用的性质、程度进行防护和加固施工。当施工现场的实际情况与设计防护形式不符时,应按规定变更设计。防护方式一般可采取植物防护、石砌防护、混凝土板防护、石笼、抛石、挡土墙等措施或综合采取两种及两种以上的措施。

3 山区沿河路基,应针对水流冲刷情况进行加固和防护,防洪工程宜在洪水期前完成,施工期间注意防洪。穿越地质不良陡峻沟谷时,应查清有无泥石流影响,并采取相应

排导、拦截措施。

6.10.4 质量控制：

1 必须确保路基稳定,路基施工应充分考虑地质、水文、洪水等对路基的破坏。

2 路基施工的各项实测项目符合现行《公路工程质量检验评定标准 第一册 土建工程》(JTG F80/1)的规定。

7 雨期路基施工

7.1 一般规定

7.1.1 雨期施工期间,应进行详细的现场调查研究,编制实施性施工组织设计。重点解决防排水问题,临时排水、永久排水、外部水系应衔接顺畅,形成完整的排水系统,保证雨期施工场地不被淹没,不积水。

7.1.2 雨期施工前应对排水设施进行全面检查、整修和加固,疏通路基两侧排水沟,必要时应增设临时排水设施,防止雨水冲刷路基。强降雨时应安排专人巡视,及时疏通阻塞,防止雨水长期浸泡路基。

7.1.3 保证施工便道畅通,便道表面应采取适当的防滑措施,并及时修复受损路段,确保施工车辆顺畅、安全通行。

7.1.4 对材料仓库应进行全面的检查、维护,做到屋面不漏雨,墙面不渗水,底部不返潮。

7.1.5 施工材料不宜露天堆放,石灰、粉煤灰应采取切实有效的防雨、防潮措施。砂石料堆放场应做到排水通畅,避免碎石、中(粗)沙、水泥等材料浸泡在积水中;场地硬化破损严重的应进行修整,防止施工机械带入的泥土对砂石料产生二次污染。

7.1.6 施工前,应配备雨期作业劳动保护用品,并对职工进行雨期施工和防洪、防汛安全教育。

7.1.7 施工前,应配备一定数量抽水设备,排水不畅时应设置集水井用抽水机降水。

7.1.8 施工前应密切关注天气预报,合理组织路基施工,施工段落长度应根据施工能力确定,应有备用的摊铺和碾压设备,集中力量,在停雨间隙期完成施工。

7.1.9 为保证施工质量及安全,应在雨期前完成截水沟、排水沟施工及弃土堆的整理。

7.1.10 路基基底应在雨期前处理好,孔洞、坑洼处填平夯实,整平基底,并设纵横排水坡。

7.1.11 低洼地段,应在雨期前将原地面处理好,并将填筑作业面填筑到可能的最高积水位 0.5m 以上。

7.1.12 土方开挖前,应对土质类型进行判别,并据此完善雨季边坡防冲刷和临时排水措施,同时要求及时开展边坡防护施工,避免因路基开挖施工造成水土流失。

7.2 雨期路堑开挖

7.2.1 雨期土质路堑应分层全断面开挖,路堑边坡不宜一次挖到设计坡面,应预留厚度不小于 30cm 的覆盖层,待雨期过后再修整到设计坡面。

7.2.2 每挖一层应设置纵横排水坡及临时排水沟,使雨水排放畅通。开挖路堑至设计高程以上 30～50cm 时应停止开挖,并在两侧挖排水沟,待雨期后再开挖至路床设计高程。

7.2.3 雨期爆破开挖岩石路基,炮眼宜水平设置或采取措施临时堵塞炮眼。

7.2.4 低洼地段和高填深挖地段的土质路基、工程地质不良路段以及排水困难路段,不宜安排雨期施工。

7.3 雨期填筑路堤

7.3.1 填料应选用透水性好的碎石土、卵石土、砂砾、石方碎渣和砂类土等。

7.3.2 利用挖方土作填料,含水率应符合要求,应随挖随填、及时压实,路基边坡修整后覆盖无纺布。含水率过大且难以晾晒的土不得用作雨期施工填料。

7.3.3 每一填筑层表面应设 2%～4% 双向路拱横坡以利于排水,低洼地带或高出设计洪水位 0.5m 以下部位应选用透水性好、饱水强度高的填料分层填筑,并及时施作护坡、坡脚等防护工程。

7.3.4 雨期填筑路堤需借土时,取土坑的设置应满足路基稳定的要求。

7.3.5 路堤应分层分段填筑,并及时碾压。填筑前应检查路基表层质量,清除表层潮湿层,压实表面松散层。

7.3.6 雨期路基填筑不宜大规模施工,已有边坡应加密监测。

7.3.7 在已填路堤路肩处,应设置纵向临时挡水土埂,每隔一定距离设出水口和排水槽等措施,引排雨水至排水系统。

7.3.8 改良土应加大含水率的检测频率,严格控制改良土的含水率,确保在最佳含水率时进行施工碾压。碾压成型的填方路基,如遇雨淋,无论验收与否,应在雨后重压。

8 路基施工安全

8.1 一般规定

8.1.1 路基工程开工前,应建立健全安全生产管理体系,设置安全管理机构,配备专职安全管理人员,制定安全生产规章制度,落实安全生产责任制,对施工安全管理、施工安全技术和施工安全作业进行全过程、全方位管理与控制。

8.1.2 从业人员应熟悉有关安全生产法律法规和技术规范,经培训合格方可上岗。从事特种特殊作业人员,应经过专业培训,并取得相应资格后持证上岗。施工作业人员必须遵守本工种的各项安全技术操作规程。

8.1.3 工程开工前,应进行现场调查,根据施工地段的地形、地质、水文、气象以及环境条件,结合设计文件和施工方案,制订安全保障措施。在施工中,应及时掌握气温、雨雪、风暴、汛情和地质灾害等相关信息,并根据周围环境条件的变化,做好防范和应急工作。

8.1.4 施工单位在工程开工前,应掌握施工影响范围内的既有道路、结构物、设施、地下和空中的各种管线情况,制订安全保障措施,保证既有结构物和设施的安全。在建公路与既有道路、航道、电力、电信、输油及输气管道等设施发生交叉或并行时,在施工组织设计中应针对既有工程的结构特点及功能要求制订相应的保障措施以及拆迁、保护或加固方案。施工期间,应对影响范围内的既有结构物或设备进行监测,发现异常应及时采取措施。

8.1.5 同一工点有多个单位同时施工或者不同专业交叉作业时,应共同拟定现场安全技术措施,签订安全生产管理协议。

8.1.6 在路基施工之前,应根据工程特点和施工环境进行危险源辨识。对重大危险源,应编制应急预案,成立应急组织,配备应急物资,并按规定组织培训和演练。

8.1.7 对高边坡、高填方等高风险工程,应按要求进行施工安全风险评估,编制风险评估报告和专项施工方案,并进行现场监控。

8.1.8 公路工程施工必须遵守国家有关劳动保护的法规,改善施工条件,为从业人员配备必要的安全防护用品和用具,并定期检查和更换。

8.1.9 从业人员在施工作业区域内,应正确使用安全防护用品和用具。

8.1.10 路基施工前,应逐级进行安全技术交底。交底内容应包括安全技术要求、风险状况和应急处置措施等。

8.1.11 路基施工前,应全面检查施工现场、机具设备及安全防护设施等,施工条件应符合安全要求。用于临时设施受力构件的周转材料,使用之前应进行材质检验。

8.1.12 施工期间,应在施工现场及受影响范围内根据作业对象及其特点和环境状况,设置安全防护设施。安全防护设施应坚固,安全警示标志应醒目。必要时,应设置夜间警示灯或反光标志。施工现场的安全防护设施必须设专人管理,随时检查,保持其完整性和有效性。

8.1.13 爆破作业、边坡防护作业、挡土墙施工、锚杆和锚索预应力张拉作业及拆除作业等危险场所,应按规定设置警戒区,并采取必要的安全防护措施。

8.1.14 施工现场暂时停止施工的,应做好现场防护。

8.2 防火、用电、照明和通风

8.2.1 施工临时用房、临时设施、生产区、办公区的防火间距应符合现行《建设工程施工现场消防安全技术规范》(GB 50720)的相关要求。施工场地和生活区域应按国家有关规定配置消防设施和器材,设置消防安全标志。

8.2.2 施工现场的临时用电应符合现行《建筑与市政工程施工现场临时用电安全技术标准》(JGJ/T 46)的相关要求。

8.2.3 夜间施工时,施工现场应设有满足施工安全要求的照明设施。

8.2.4 开挖排水隧洞、地下洞式以及在采空区或溶洞内实施砌石加固作业时,应符合下列规定:

1 在地下有限空间内作业,现场应配备气体浓度检测仪器,并满足现行《缺氧危险作业安全规程》(GB 8958)的相关要求。

2 作业人员进入地下有限空间前,应预先通风15min,并经检测确认孔内空气符合现行《环境空气质量标准》(GB 3095)规定的三级标准浓度限值。人工开挖或砌筑作业期间,应持续通风。现场应至少备用1套通风设备。

3 在含有毒有害气体的地区,地下空间内作业应至少每2h检测一次有毒有害气体及含氧量,保持通风,同时应配备不少于5套且满足施救需要的隔绝式压缩氧自救器等应急救援器材。

4 在地下空间内实施爆破时,应待孔内炮烟、粉尘消散后,或者通风,排除炮烟、粉尘后,再入孔作业。

8.3 施工排水

8.3.1 排水方案必须满足路基施工安全和路基附近既有结构物与地下管线的安全要求。

8.3.2 降水方案以及软土地基处理方案制订时,应考虑地基湿度或孔隙水压力变化对毗邻区域既有结构物或设备安全的影响,降水施工不得危及周围既有道路及结构物安全。

8.3.3 施工过程中,应对降水影响区域内的交通设施、管线、结构物等的沉降、位移、倾斜等进行观测,发现问题应及时采取措施。

8.3.4 施工结束后,应清理场地并恢复地貌,地面遗留的孔洞应及时用砂石等材料回填密实。

8.4 施工机械设备使用

8.4.1 应制订施工机械设备安全操作规程,建立设备安全技术档案。

8.4.2 应建立机械设备进退场台账,进场前应查验机械设备证件、性能、状态。机械设备进场后,应向操作人员进行安全技术交底,实行定人、定机、定岗管理。

8.4.3 机械设备上各种安全防护、保险限位装置及各种安全信息装置必须齐全有效。

8.4.4 机械设备必须按机械设备安全操作规程和机械设备使用说明书规定的技术性能、承载能力和使用条件操作、使用,严禁超载、超速作业或扩大使用范围。

8.4.5 机械设备不宜在坡度大的边坡区域或不稳定岩土体上作业。机械在路基边坡、基坑、沟壑边缘附近以及不稳定岩土体上作业时,应采取可靠的安全措施。

8.4.6 多台机械同时作业时,各台机械之间应保持安全距离。

8.4.7 机械作业范围内不得同时进行人工作业。由人工配合机械进行辅助作业时,作业人员应注意观察。

8.4.8 施工现场的钻机等高耸设备在相邻结构物的防雷装置的保护范围之外时,应按有关规定设置防雷装置。

8.4.9 高耸设备与架空线路之间的安全距离应符合现行《公路工程施工安全技术规范》(JTG F90)的相关规定。当需要在小于规定的安全距离范围内进行作业时,应采取严格的安全保护措施,并应按相关规定经有关部门批准。

8.4.10 起重吊装作业应符合现行《公路工程施工安全技术规范》(JTG F90)的相关规定。

8.4.11 施工现场的运输车辆应设置反光警示标志。施工车辆运行必须遵守道路交通法规,按规定路线和速度行驶,不得超载,严禁人料混载。

8.4.12 清洁、保养、维修机械或电气装置之前,须先切断电源,等机械设备停稳后再进行操作。严禁带电进行检修,严禁采用预约送电时间的方式进行检修。

8.5 既有结构物拆除

8.5.1 应根据拆除结构物的结构特点及施工周边环境确定拆除施工的段落、层次、顺序和方法。拆除施工应从上至下,逐层、分段实施,不得立体交叉作业。

8.5.2 当拆除工程对周围相邻建筑物安全可能产生危险时,应采取保护措施。

8.5.3 拆除作业应符合现行《公路工程施工安全技术规范》(JTG F90)的相关规定。拆除现场应设置警戒区。

8.5.4 拆除施工中的爆破作业应符合相关规定。

8.5.5 拆除施工作业人员和机具应处于稳固位置,须进行临时悬吊作业时,应系好悬吊绳和安全绳。悬吊绳和安全绳应分别锚固且应牢固。

8.5.6 拆除既有路基支挡结构与防护设施时,应保证既有路堑边坡稳定。必要时应设置临时支撑进行加固或防护,并应自上而下分层、分段拆除,严禁一拆到底。

8.5.7 拆除的材料应及时清理,分类放置。

8.5.8 技术复杂或采用新技术、新工艺或在特殊季节施工的分项、分部工程和危险性较大的分部工程,施工单位应编制专项施工方案,并报监理单位批准后实施。

8.5.9 改建工程中,边通车边施工路段的安全生产,除应遵守本指南的有关规定外,还应加强对通行车辆的安全管理,确保施工、交通安全。

8.5.10 改建工程需挖除旧路路基、路面进行重建的路段,在施工路段的两端应竖立正在施工的警告标志。标志的设立,应根据开挖宽度、路线等级、交通量等情况确定。

8.5.11 通车路段的路面应经常清扫干净,防止车辆碾飞土石伤人或雨后泥泞影响通车。

8.5.12 半幅通车路段,在车辆驶出(入)前方应设置指示方向和减速慢行的标志。同时在施工作业区的两端设置明显的路栏和安全警示标志,夜间应在路栏上加设安全警示灯。半幅施工区与行车道之间设置红白相间的隔离栅。

8.5.13 在单车道维持通车路段上,当路段不长、交通量不大时,可在该路段的适当地点设置车辆会让处;当施工路段较长、交通量较大时,应实行交通管制。配置专职人员和通信设备,指挥交通,疏导车辆。

8.5.14 在原地拆除旧桥(涵)、重建新桥(涵)时,应先建好通车便桥(涵)或渡口。在旧桥的两端应设置路栏和防撞桶,夜间应在路栏上加设安全警示灯,并在路肩上竖立通向便桥或渡口的指示标志。

8.6 路堑、基坑和沟槽开挖

8.6.1 开挖之前,应按施工组织设计对结构物、既有管线、排水设施实施迁移或加固。施工中,应经常检查、维护加固部位,保持设施的安全运行。对在施工范围内可不迁移的地下管线等地下设施,应确定其地下位置和分布范围,设置警示标志,并采取保护措施。

8.6.2 路堑开挖过程中,应设专人对作业面及施工影响范围内岩土体的稳定性进行监测和巡察,监测人员的位置应在落石、滑坡体危险区域之外。发现异常应立即停工,撤离机具和人员,并及时采取安全措施。

8.6.3 公路改建路堑拓宽时,应按横断面自上而下进行。开挖过程中,应随时观测坡面稳定情况,如有危石、裂缝和塌方迹象,应及时采取措施。

8.6.4 结构物基坑开挖,应根据土质、水文和开挖深度等选择安全的边坡坡度或支撑防护。当基坑开挖深或者边坡稳定性差时,应分段、跳槽开挖。在施工过程中,应观察或按规定监测作业面周围岩土体的稳定性,发现问题及时采取相应的处理措施。在坑槽边临时堆放弃土或材料时,应控制弃土或材料与坑槽边缘的距离及堆放高度,不得影响基坑边坡的稳定。机械在基坑周围作业和行驶不得影响施工安全。

8.6.5 边坡设置混凝土灌注桩、地下连续墙等支撑结构时,应待支挡结构强度达到设计强度后,方可开挖。

8.6.6 机械挖掘时,应避开既有结构物和管线,严禁碰撞。严禁在距既有直埋缆线2m范围内和距各类管道1m范围内采用大型机械开挖作业。在既有结构物和管线附近作业时,宜有专人现场监护。

8.6.7 开挖中,遇文物、爆炸物、不明物和原设计图纸与管理单位未标注的地下管线、构造物时,必须立即停止施工,保护现场,向上级报告,并和有关管理单位联系,研究处理措施。经妥善处理,确认安全并形成文件后,方可恢复施工。

8.6.8 爆破作业应符合下列规定:
1 从事爆破工作的爆破员、安全员、保管员应按有关规定经过专业机构培训,并取得相应的从业资格。
2 爆破作业和爆破器材的采购、运输、储存和使用应按现行《民用爆炸物品安全管理条例》、《爆破安全规程》(GB 6722)及《小型民用爆炸物品储存库安全规范》(GA 838)的有关规定执行。
3 岩石边坡坡率为1:0.1~1:0.75的路堑,必须采用光面爆破。城市、风景名胜区及重要工程设施附近的路堑爆破应采用控制爆破技术。

8.6.9 沟槽开挖深度超过2m时,其边缘上面作业应按高处作业要求进行安全防护并设置警告标志。开挖沟槽位于现场通道或居民区附近时,应设置安全护栏,夜间应设置警示灯。

8.6.10 在落石与岩堆地段施工时,应先清理危石、设置截水沟后再进行开挖。其开挖面坡度应按设计进行,坡面上松动石块应边挖边清除。

8.6.11 岩溶地区施工,应认真处理岩溶水的涌出,以免导致突发性的坍陷。泥沼地段施工,应有必要的防范措施,避免人、机下陷。挖出的废土应堆置在合适的位置,以防汛期造成人为的泥石流。

8.6.12 滑坡地段的开挖,应从滑坡体两侧向中部自上而下进行,严禁全面拉槽开挖,弃土不得堆在主滑区内。开挖挡墙基槽也应从滑坡体两侧向中部分段跳槽进行,并加强支撑,及时砌筑和回填墙背,施工中应设专人观察,严防塌方。

8.6.13 施工中如发现山体有滑动迹象危及施工安全时,应暂停施工,撤出人员和机具,并报上级处理。

8.6.14 施工现场内的沟坑水塘等边缘应设安全护栏。场地狭小、行人和运输繁忙的路段应设专人指挥交通。

8.6.15 在居民点或公共场所附近开挖沟槽时,应设护栏及搭设跳板供行人通过。夜间应设置照明灯和安全警示灯。

8.7 路堤和路床填筑

8.7.1 路堤施工应先做好临时防水、排水系统。路基基底、坡脚及影响路基稳定的范围内不得积水浸泡。傍山修筑路堤时,应防止地表水、地下水渗入路堤结构各部位。

8.7.2 使用振动压路机碾压路基前,应对附近地上和地下结构物、管线可能造成的振动影响进行分析,确保安全。

8.7.3 填土地段与架空线路之间的安全距离应符合现行《建筑与市政工程施工现场临时用电安全技术标准》(JGJ/T 46)的有关规定。

8.7.4 路基下存在管线时,管顶以上0.5m范围内不得用压路机碾压。采用重型压实机械压实或有重车在回填土上行驶时,管道顶部以上应铺设一定厚度的压实填土。填土最小厚度应根据机械和车辆的质量与管道的设计承载力等情况,经计算确定。

8.7.5 填方作业区边缘应设明显的警示标志。

8.8 支护结构和排水设施施工

8.8.1 边坡或在基坑内作业之前,应首先检查边坡或坑壁的稳定状况。对影响施工安全的危岩、危石、松动土石块应予以清除,或者采取相应的防护措施。

8.8.2 边坡或者在基坑内施工,应设置攀登设施。在施工过程中,应由专人随时检查和定期监测边坡稳定性,并确认安全。发现异常,应立即停工,撤离人员,采取安全措施后方可复工。

8.8.3 作业高度超过1.2m时,应设置脚手架。脚手架应通过专业设计,并须进行强度、刚度及稳定性等方面的验算,并符合现行《公路工程施工安全技术规范》(JTG F90)的相关规定。脚手架平台应锚固稳定。脚手架搭建经验收合格后,方可使用。施工过程中,应加强脚手架检查,发现松动、变形或沉陷应及时加固。

8.8.4 挡土墙高度超过2m时,应按现行《公路工程施工安全技术规范》(JTG F90)高处作业要求进行安全防护。

8.8.5 砌筑作业时,脚手架下不得有人作业或停留,不得重叠作业,不得采用顺坡滚落或抛掷传递的方式运送材料。

8.8.6 用提升架运送石料时,应有专人指挥和操作,严禁超负荷运行。严禁使用提升架载人。临时起吊设备的制作、安装必须符合国家相关规定。

8.8.7 拆除墙背向内倾斜的混凝土重力式挡土墙模板时,应在墙背侧设置必要的临时支撑。

8.8.8 预制构件安装前,应根据现场条件制订详细的吊装方案,所有起重设备必须符合国家关于特种设备的安全管理规定。

8.8.9 喷浆作业应按自上而下顺序施作。喷浆作业时应密切注意压力表变化,出现异常时,必须停机、断电、停风,并及时排除故障。作业区内严禁在喷浆嘴前方站人。处理堵管时,作业人员应紧握喷嘴,防止管道甩动伤人。管道有压力时不得拆卸管接头。

8.8.10 锚杆和锚索钻孔施工,吹孔时作业人员应站在孔的侧边,以防吹出泥水、砂土伤人。

8.8.11 张拉作业区域应设为警戒区。张拉作业平台应稳固,张拉设备必须安装牢固。张拉过程中操作人员不得离岗,千斤顶旁严禁站人。

8.8.12 机械成孔渗水井的施工应符合下列安全规定:

1　施工场地及便道应平坦坚实,满足钻机正常工作和移动的要求。
2　钻机安设应平稳、牢固。
3　施工中严禁人员进入孔内作业。
4　严禁在架空线路下方采用机械钻孔或吊装作业,在电力架空线路附近作业时,机械边缘与电力线路的最小距离应符合现行《建筑与市政工程施工现场临时用电安全技术标准》(JGJ/T 46)的规定。
5　井管安装宜由起重机进行,吊装时吊点应正确,拴系应牢固。往井孔吊放井管时,严禁将手、脚置于井孔口上。
6　井管口应高出地面0.5m以上,必须封闭并设安全标志。

8.8.13　渗水井的施工,应制订专项施工方案,并符合下列安全规定:
1　在不稳定的土层中施作渗水井时,应根据土质状况对渗水井井壁及井口采取相应的支护措施。
2　渗水井周围1m范围内不得堆放材料、机具和土方,井口应采取防坠落、防滑措施。
3　井内作业环境恶劣时,人工掏挖应轮换作业,每次下井作业不得超过2h。上、下井筒应走安全梯。孔内通风要求及空气质量应符合相关规定。
4　井内掏挖作业时,应随时观察井壁、支护的稳定状况。当土壁有坍塌征兆、井筒发生扭斜或支护位移、变形大时,应立即停止作业,撤至安全处,待采取安全技术措施并确认安全后,方可继续作业。
5　井深大于1.5m,井内掏挖作业时,井上应设专人监护。安装预制井筒时,井内不得有人。用吊斗出土时,防止发生碰撞或脱钩,并通知井下人员暂时避开。
6　利用排水的间歇时间掏挖渗水井时,井下掏挖作业人员应与水泵操作工密切配合,并穿绝缘胶靴。
7　起吊和运输设备靠近渗井边缘作业时,应加强对地基稳定性的检查,防止发生地面塌陷或设备倾翻事故。

8.8.14　排水隧洞施工应符合下列安全规定:
1　应根据危险源辨识情况编制排水隧洞坍塌、突水突泥、触电、火灾、爆炸、窒息、有害气体等应急预案并应配备相应的应急资源。
2　当地层完整、地质条件好时,排水隧洞的开挖、衬砌和灌浆三个施工过程应依次进行。当岩层破碎、地质条件不良时,应边开挖边衬砌。
3　排水隧洞开挖,可依据滑坡具体地质情况,选择人工开挖方法或钻孔爆破方法进行。使用钻孔爆破法时,需根据岩层完整程度,确定全断面开挖或导洞开挖。在地下水丰富的地段,宜采用下导洞开挖。
4　对不稳定地层,在开挖爆破后,永久衬砌前,应采取木支撑、钢支撑或喷混凝土锚杆支护等临时支护措施。在松软或流沙地层中掘进,永久性支护至掘进面之间,应架设支护或特殊支护。

5 在特别软弱或大量涌水的地层中开挖隧洞,应采用超前灌浆或管棚加固方法,先将地层预先加固,然后再进行开挖。

6 孔内通风要求及空气质量应符合相关规定。在瓦斯地层开挖时,应符合现行《公路工程施工安全技术规范》(JTG F90)中含瓦斯隧道施工作业的安全要求。

7 通风机、抽水机等安全设备应配备备用设备。

8 漏水地段应采用防水灯具,瓦斯地段应采用防爆灯具。

8.8.15 高边坡截水沟施工,应设置防止作业人员跌落的设施。

8.8.16 渗沟的开挖应自下游向上游进行。应随开挖随支撑并迅速回填,防止造成坍塌。停止施工或完工后,应及时加盖封闭。

8.8.17 支撑渗沟应间隔开挖。支撑渗沟开挖深度超过1.5m时,应加设支撑。

8.8.18 边坡防护和支挡结构以及排水设施施工作业应设警戒区,并应设置明显的警戒标志。停止施工的抗滑桩桩孔和渗水井及其他排水设施周围应设置防护栏及明显的警示标志,夜间应悬挂警示灯。

8.9 取土与弃土

8.9.1 取土场的边坡坡率和深度设计应满足稳定性要求。取土场宜远离结构物、设施、管线等生产设施,不应影响其安全。

8.9.2 施工期间取土场周围应设置安全防护设施和警示标志,必要时应设置夜间警示或反光标志。

8.9.3 场地上有架空线时,应对线杆和拉线采取预留土台等防护措施。土台半径应依线杆和拉线结构、深入深度和土质而定。土台周围应设安全标志。

8.9.4 需在结构物附近取土时,应对结构物采取安全技术措施,确认安全后方可取土。

8.9.5 弃土场应避开建筑物、围墙和电力架空线路等,弃土时不得妨碍各类地下管线、构筑物等的正常使用和维护。

8.9.6 严禁在路基上方、村庄上方、桥下等设置弃土场,同时应避开陡坡、滑坡体以及易产生工程滑坡或诱使古滑坡复活的地段设置弃土场。

8.9.7 自行选定取土方案时,应符合下列技术要求:
1 地面横向坡度陡于 1∶10 时,取土坑应设在路堤上侧。
2 桥头两侧不宜设置取土坑。
3 取土坑与路基之间的距离,应满足路基边坡稳定的要求。取土坑与路基坡脚之间的护坡道应平整密实,表面设 1%~2% 向外倾斜的横坡。
4 取土坑兼作排水沟时,其底面宜高出附近水域的常水位或与永久排水系统及桥涵出水口的高程相适应,纵坡不宜小于 0.2%,平坦地段不宜小于 0.1%。
5 线外取土坑等与排水沟、鱼塘、水库等蓄水(排洪)设施连接时,应采取防冲刷、防污染的措施。

8.9.8 对取土造成的裸露面,应采取整治或防护措施。

8.9.9 在洪水淹没地段的路堤两侧不得取土。

8.9.10 取土坑应设在背风侧路堤坡脚处 5m 以外;当必须两侧取土时,应封闭或摊平取土坑。

8.9.11 应按设计要求及时完成弃土场的防护、排水工程。

9 路基施工环境保护

9.1 一般规定

9.1.1 工程开工前,应对施工现场的地形、地质、水文、气象、生态环境条件以及既有结构物状况进行调查,根据国家有关建设项目环境保护管理的规定以及节约资源、节约能源、减少排放等相关法规和技术标准,结合工程特点、设计要求和施工环境,编制并实施工程施工环境保护措施与节能减排技术方案。

9.1.2 施工工法和工艺的选择,需要充分考虑边坡开挖、填筑堆载、振动、噪声、粉尘、污水等可能对环境产生的影响。

9.1.3 路基施工中,应重视对农田水利和环境的保护,节约土地,少占耕地,临时占用土地应及时复垦。施工便道、施工场地等临时工程的规划应尽量利用既有道路、荒地等,减少对环境的影响。

9.1.4 自然保护区、森林、湿地及风景名胜区的路基施工方案应有利于生态保护和生态恢复。

9.1.5 施工机械设备选型应符合环保规定,首选低噪声、低振动、低排放的节能环保型机械设备。在使用中应定期保养、维护,减少油料的跑、冒、滴、漏对环境的影响。

9.1.6 工程开始实体施工时,应委托有资质的单位开展项目施工期的环保监测、水保监测工作;工程施工期间,项目建设单位要督促环水保监测、监理单位及时提交监测、监理报告,同时要督促环水保监理单位定期向当地环水保行政主管部门报送环水保监理季报。项目主体工程基本完工时,应委托有资质的单位开展环保验收调查和水保技术评估工作,提早介入,以便尽早发现问题、及时组织整改,确保环水保竣工验收工作尽早完成。

9.2 土地资源利用与水土保护

9.2.1 严格遵守《中华人民共和国水土保持法》《中华人民共和国水土保持法实施条例》与地方政府有关法规、条例。保护生态,做好水土保持工作,实行"三同时"制度,加强对施工人员水土保持的教育和管理,严格按设计施工,严禁随意取土、弃渣以及对非施工用地范围的地表植被造成破坏。

9.2.2 路基施工应严格控制临时占地的数量。合理规划施工营地、场地、便道、取弃土场,在满足施工需要的基础上尽量减少临时占地,减少对地表的破坏。

9.2.3 路基施工应控制和减少对原地貌、地表植被、水系的扰动和损毁,保护原地表植被、表土及结皮层。正式工程施工范围、施工场地、施工便道、砂石料场边界设置醒目的标志,限制机械人员作业范围,车辆机械不得超界作业或行驶。

9.2.4 施工前应做好取弃土场等工程临时占地的设计和恢复,做好土石方平衡,减少运土量和运土距离,尽量减少土地占用,保护耕地。规划施工场地的平整时应根据设计总平面图、勘测地形图、场地平整施工方案等技术文件进行,尽量做到填挖方量趋于平衡、总运输量最小、便于机械化施工和充分利用建筑物挖方填土。

9.2.5 路基主体工程动工前,应剥离表土层并集中堆放,采取覆盖、围挡、洒水等措施,以避免降雨引起水土流失。施工结束后宜作为复耕地、林地的覆土。施工中及早安排路基排水工程的施工,确保在雨期路基排水畅通,防止雨期冲毁路基;及时进行路基边坡防护,防止边坡坍塌增加土石方数量。

9.2.6 根据水土保持法律法规有关规定,项目水保方案报告书批准后,取弃土场位置发生变更的,报水行政主管部门备案;线路位置、土石方量、取弃土场位置等变更的,水保方案应重新编制并报批。

9.2.7 取土场的设置应根据各地段取土性质、数量并结合路基排水、地形、土质、施工方法、用地、环保等,统一规划。

9.2.8 取弃土场使用前,将适用种植的表土挖起存放,待完工恢复时使用。路基弃土尽量运往坑洼内。堆放在山坡上的弃土,及时整理成形,坡脚采取防护措施,防止冲刷。取弃土场采取"边施工、边恢复"的措施,及时平整复耕,完工后覆盖表土,有条件时尽量种植草皮或撒草籽进行恢复。

9.2.9 采石场开采前制订合理的开采方案和恢复措施。在开采过程中,严格控制开采范围,杜绝乱挖乱采,并及时清刷开采面,回填坑洼,整理弃渣,完工后及时恢复,达到计划的恢复效果。

9.3 生态保护与生态恢复

9.3.1 路基施工前应对沿线生态环境进行调查,评价施工对生态环境可能造成的影响。

9.3.2 路堤填筑、路堑开挖及取弃土,均应根据路基施工进度有计划地进行表土剥离,并进行保存。表土最小剥离厚度应根据国家环境保护标准现行相关规定确定。表土堆存高度应不超过2m,必要时应设置排水沟等相应保护措施,防止水土流失。

9.3.3 施工前,应根据环境保护标准相关规定采取相应措施对位于路基范围内的珍稀植物进行保护。

9.3.4 公路通过林地时,应注意保护用地范围以内的林木,并严格控制林木的砍伐数量;严禁砍伐道路用地范围之外不影响行车安全的林木。

9.3.5 在草、木密集的地区施工时,应遵守护林防火规定。

9.3.6 路基挖方施工,截水沟与路基挖方开口线之间的原地表植被不许破坏,以最大限度地保护自然环境。

9.3.7 生态恢复应符合下列规定:
1 取弃土工程结束后,取弃土场应及时进行必要的回填、整平、压实,地面坡度一般应小于5°,并利用储存的表土进行复垦。施工结束后应对开挖面恢复植被。
2 公路施工结束后,应对施工临时占地、施工营地、临时道路、设备及材料堆放场地等进行有计划的复垦。复垦后,应尽量保持原有地貌和景观。原属性为农田的应复耕。
3 项目区的裸露地,适宜种植林草的应恢复植被。

9.4 水资源保护与废弃物污染控制

9.4.1 在施工及生活区域应设置相应的场地堆放生产及生活废弃物,施工驻地设加盖的集中分类垃圾池,将生活垃圾按可降解和不可降解垃圾分类存放,可降解垃圾做掩埋处理,不可降解垃圾定期运往附近的城市垃圾处理场。工地设垃圾桶,垃圾满后运往营地垃圾池。严禁乱丢、乱倒垃圾,并定期处理垃圾。污水处理产生的污泥,应运至指定堆放场地。

9.4.2 鼓励施工单位废弃物再利用,统筹安排好隧道石方利用,减少弃渣。

9.4.3 生产污水和生活污水不得随意排放。无条件时,施工营地设防渗污水储存池,对生活污水进行沉淀处理。施工现场设旱厕,完工后做填埋处理。严禁将生活污水直接排入河流。施工过程中,各种排水沟渠的水流不得直接排放到饮用水源、农田、鱼塘中。

9.4.4 搅拌桩、旋喷桩等软基处理施工现场,废水、废油等有害物质和其他施工机械设备产生的废水、废油及生活污水不得直接排入河流、湖泊或其他水域中,也不得排入饮用水源附近的土地中。水泥搅拌桩、高压旋喷桩施工时,水泥浆液应回收处理,不得直接排放。

9.4.5 严禁采用有害物质超标的工业废渣作为路基填料。使用新材料(如工业废渣等)填筑路堤时,除应按相关规范做有关试验外,还应做对环卫有害成分的试验,同时提出报告,经批准后方可使用。

9.4.6 对于现场液态、固态等各类废弃物要按照规定进行处理,不得排放于生活用水水源附近,禁止擅自掩埋或焚烧。

9.4.7 岩溶水发育地段,路基修筑不应切断岩溶(地下和地表)水的径流通道,不得造成阻水、滞水或农田缺水。

9.5 空气污染控制

9.5.1 路基施工过程中应采取措施控制废气排放和扬尘,并应符合国家环境空气质量的相关规定。碎石加工场、搅拌站等采取喷水降尘措施减少扬尘。

9.5.2 路基施工堆料场、拌和站、材料加工厂等宜设于主要风向的下风处的空旷地区,远离居民区和学校。当无法满足上述要求时,应采取适当的防尘及消声等环保措施。

9.5.3 施工便道应采取洒水降尘措施。在便道与既有道路交道口处应设专人负责清扫和管理。有条件的应进行硬化。碎石加工场、搅拌站等采取喷水降尘措施减少扬尘。

9.5.4 施工现场应根据需要设置机动车辆冲洗设施、排水沟及沉淀池,施工污水经处理达标后方可排入市政污水管网或河流。

9.5.5 粉状材料运输、堆放和使用应符合下列要求:
1 粉状材料运输应采取防止材料散落或扬尘污染措施。干粉状材料宜采用袋装或罐装方式运输，不得散装散卸。

2 粉煤灰、石灰等材料不应露天堆放。当受条件限制在露天堆存时，应采取覆盖、搭棚及设置围挡等防止扬尘和水污染。

3 采用粉状材料作为路基填料或对路基填料进行现场改良施工，应避免在大风天作业，施工人员应佩戴防尘口罩等劳动保护用品，并采取相关环境保护措施。

9.5.6 不得焚烧生活和生产垃圾。在场地清理时，不得焚烧杂草和树木。

9.6 噪声和振动控制

9.6.1 路基施工选择低噪声、高效能的机械设备，严禁使用国家明令限制使用的设备和淘汰的产品；同时在作业过程中加强维修和保养，定期进行机械设备技术状况检查，及时消除隐患，发现设备有异响时应立即停机查明原因，排除故障后方可继续进行施工生产，严禁设备带病作业。

9.6.2 合理安排施工作业时间，降低夜间车辆出入频率，在夜间施工不得安排噪声超标的机械施工。施工场界声级应符合现行《建筑施工场界环境噪声排放标准》(GB 12523)的规定。

9.6.3 在居民聚集区或噪声敏感区，因特殊需要必须连续作业且在施工过程中场界环境噪声有可能超过排放标准的，应制订环境噪声污染防治措施。

9.6.4 强振机械设备宜采取消声、隔声、安装减振衬垫等减振降噪技术措施。

9.6.5 在居民聚居区或其他振动敏感建筑物附近进行强夯、冲击压实施工作业时，应对可能造成危害的建筑物进行监控，并采取振动隔离措施。

9.6.6 爆破作业点距敏感建筑物近时，应控制爆破炸药用量和控制开挖进尺数量来减轻振动，爆破时间应选择在白天。

9.6.7 预制厂、材料仓库、拌和站等施工场地设置尽量远离居民区。机械运输车辆途经居住场所时应减速慢行，不鸣喇叭。适当控制机械动力布置密度，条件允许时拉开一定空间，减少噪声叠加。

9.6.8 对距居民区150m以内的施工现场，噪声大的施工机具在夜间(22:00~6:00)应停止施工，土石方挖运施工阶段建筑施工场地边界线处的噪声限值为昼间75dB，夜间55dB。由于工期紧必须夜间施工的必须按规定申请夜间施工许可证，要会同建设单位一起向工程所在地区、县建设行政主管部门提出申请,经批准后方可进行夜间施工。建设单位应当会同施工单位做好周边居民工作,并公布施工期限。

9.7 文物保护

9.7.1 在文物保护区周围进行施工时,应制订相应的保护措施,严禁损毁文物古迹。

9.7.2 施工中发现文物时,应暂停施工,在现场设置警戒线,安排专人值班对文物进行保护,同时上报当地文物主管部门,并配合文物主管部门处理,处理完毕后才能继续施工,防止文物的丢失和损坏。

10 路基整修与路槽交接

10.1 路堤整修

10.1.1 一般规定：

1 根据合同约定,完成交验路段范围内路基及附属工程,按照质量标准全面检测,并对检测中发现的缺陷进行整修、处理。

2 路基整修应编制整修计划和方案并报批,在批复后方可实施路基整修工作。

3 路基高程偏差超过允许值的路段应进行处理,高于设计高程路段应进行挖除、刮铲处理,且必须保证整修后路槽表层密实;低于设计高程路段应挖除重新填筑或加厚底基水稳层,不得贴层补填。

10.1.2 施工工序:路堤整修施工工序如图 10.1.2 所示。

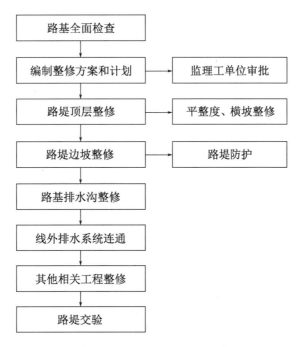

图 10.1.2 路堤整修施工工序

10.1.3 施工要点：

1 填土路堤应采用机械刮土或补土的方法整修成型,并配合压路机碾压。当铲下的土不足以填补凹陷时,采用与路基表层相同的土质填土填平夯实;石质路基表层应采用石屑嵌缝,嵌缝后应紧密、平整,不得有坑槽和松石,不得薄层贴补。

2 测量放样,撒白灰标示出路堤两侧超填边线,路堤顶面纵横向坡面高程采用埋砖法控制。坡面刷坡采用机械粗刷、人工刷坡等方式挖除超宽部分路基。当坡面填土不足或边坡受雨水冲刷形成冲沟和坍塌缺口时,应自下而上将边坡挖成台阶,分层填补、夯实,再按设计坡面刷坡。

3 修整的路基表层层厚150mm以内,松散的或半埋的尺寸大于100mm的石块,应从路基表面层移走,并按规定填平压实。

4 依据设计要求对各种边沟的纵坡、断面尺寸进行检查,沟底应平整,排水通畅;如遇边沟缺损,不得用土贴补。

5 排水沟及边沟、路堤边坡等各表面应拍打密实、整齐、光滑。

6 涵洞洞内及涵洞进出水口无垃圾杂物、排水顺畅。

7 在路堑边沟和路堤拱形护坡处,每隔70m应设20cm×20cm临时排水孔,排水孔底设置在路床以下10cm处,在凹形竖曲线路段,最低段应增设临时排水孔。

8 在路面施工前,应检查临时排水、永久排水设施是否设置、有效。

9 路基修整完毕后,堆弃在路基范围内的废土料应予以清除。

10.1.4 质量控制:

1 平面几何尺寸及线位高差应满足现行《公路路基施工技术规范》(JTG/T 3610)的要求。

2 路堤的顶面路拱、宽度、线形应符合图纸要求,表面平整、密实、无局部坑洼,曲线圆滑,边线直顺。

3 路堤边坡坡度应符合图纸要求,坡面平顺稳定,不得亏坡。取土坑、护坡道整齐稳定。

4 边沟、排水沟沟底无阻水、积水现象,符合铺砌要求;临时排水设施与现有排水沟渠连通。

10.2 路堑整修

10.2.1 施工工序:路堑整修施工工序如图10.2.1所示。

10.2.2 施工要点:

1 土质路基路床应采用人工或机械刮土或补土的方法整修成型。深路堑边坡整修应按设计要求的坡度,自上而下进行刷坡,不得在边坡上以土贴补。坚石和次坚石,可使用炮眼法、裸露药包法爆破清刷边坡,同时清除边坡上的危石、松石。

2 在整修加固的坡面时,应预留加固位置。当边坡受雨水冲刷形成小冲沟时,应将原边坡挖成台阶,分层填补、夯实。非边坡加固地段时,填补的厚度很小(10~20cm),可用种草整修的方法填补。

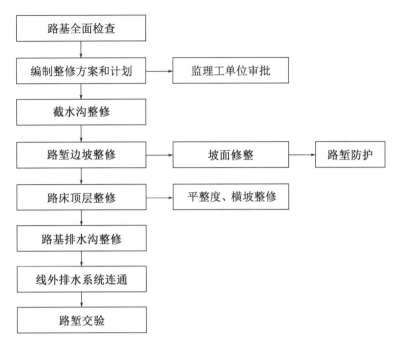

图 10.2.1　路堑整修施工工序

3　各种排水沟的坡度、断面尺寸应满足设计要求。

4　路堑边沟施工完成后,应对碎落台进行填土整平,按设计要求进行绿化(图10.2.2)。

图 10.2.2　碎落台整理绿化

5　土质路基表面到设计高程后应采用平地机或推土机刮平,铲下的土不足以填补凹陷时,应采用与路基表层相同土质的填土填平夯实。石质路基表层应采用石屑嵌缝紧密、平整,不得有坑槽和松石。

6　路堑边坡如出现了超挖,应采用浆砌片石填补超挖坑槽。

7　保留路基开挖线至截水沟砌体之间的原有植被,防止水土流失。

10.2.3　质量控制：

1　路堑整修后平面几何尺寸及线位高差要求同本指南第10.1节。

2　路基顶面的路拱、高程、宽度、线形应符合图纸要求,表面平整、密实、无局部坑洼,曲线圆滑,边线顺直。

  3 路堑边坡坡度不应低于图纸要求,坡面平顺稳定,不得亏坡。石质边坡不得有险石、悬石和浮石。

  4 边沟、截水沟、排水沟沟底应无阻水、积水现象,排水良好,铺砌符合要求;临时排水与现有排水沟渠连通。

10.3 路基交接验收

10.3.1 路面施工单位进场后,应及时进行路基核验,并向路面施工单位移交合格的路槽。

10.3.2 一次申请移交的连续路槽的长度不宜小于4km,整体式路基宜全幅全断面进行移交,分离式路基可以分半幅进行移交。

10.3.3 移交的路基段落内的路槽、边坡防护、桥涵、隧道、绿化以及附属工程均应全部完工。

10.3.4 路槽移交须经路基施工单位自检合格,监理单位复核无误及质检部门抽检合格后进行,应由监理单位、路基和路面施工单位、建设单位四方代表参加签字确认。移交过程中发现的问题应按规范和设计要求处理到位。

10.3.5 应按现行《公路工程质量检验评定标准 第一册 土建工程》(JTG F80/1)所规定的检查项目、方法、频率和设计要求,对路基土建工程进行核验,对主线渐变段、互通区匝道等特殊路段的外形尺寸和高程、台背回填质量、路基路面排水系统的衔接、伸缩缝预埋钢筋及搭板、过渡段等进行重点检查。

11 路基监测与观测

11.1 一般规定

11.1.1 路基施工期的动态控制标准参照现行《公路路基设计规范》(JTG D30)执行。

11.1.2 软土地基、路堑边坡、滑坡、高填方路堤及堆载预压段路基开工建设,应同时开展动态监测工作。监测成果数据定期上报施工、监理、设计和建设单位备案,以配合动态设计、动态施工方案指导施工。

11.1.3 边坡动态变形监测应与工程施工同步进行。

11.1.4 边坡工程监测周期为边坡开挖至公路建成运营不少于 2 年;重大滑坡或能造成严重危害的边坡,监测周期需评估确定,宜长期监测至稳定或在安全的限值范围内为止。

11.1.5 路基工程宜开展高边坡自动化监测预警与信息管理系统化工作。

11.1.6 监测单位需及时提交监测结果和建议。

11.2 软基工程监测

11.2.1 监测目的:
1 监控整个施工过程中路基的稳定性,控制填土速率;
2 推测工后沉降,确定开始铺筑路面的时间;
3 了解在新增荷载作用下,路基下卧土层附加应力变化情况;
4 了解复合地基的力学与变形性状。

11.2.2 监测内容和方法:软基工程监测的适用方法和目的见表 11.2.2。

表 11.2.2 软基工程监测的适用方法和目的

监测项目	仪表名称	监测目的
地表沉降	地表型沉降计（沉降盘）	用于沉降管理。根据测定数据调整填土速率；预测沉降趋势，确定等载预压卸载时间；提供施工期间沉降土方量的计算依据
地表水平位移及隆起量	地表水平位移桩（位移边桩）	用于稳定管理。检测地表水平位移及隆起情况，以确保路堤施工的安全与稳定
地下土体分层水平位移量	地下水平位移计（测斜管）	用于稳定管理与研究。用作掌握分层位移量，推定土体剪切破坏的位置，软土指标较差，填土较高，填方路基在施工过程中易失稳时采用

11.2.3 观测点的设置如图 11.2.3 所示。观测点的位置、数量、频率及埋设按设计或合同文件要求。

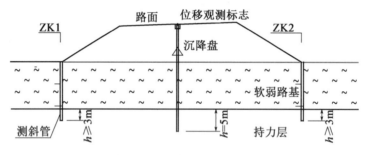

图 11.2.3 软基处理沉降盘、测斜管、位移观测埋设

11.2.4 施工期间应严格按设计或合同文件要求同步进行沉降和稳定的跟踪观测。观测资料应及时收集整理和分析，以指导施工和提供给相关单位作为评估依据。

11.3 路堑边坡或滑坡监测

11.3.1 监测目的：
1 监控整个施工过程中路堑边坡或滑坡的变形情况。
2 通过监测坡体变形、锚杆预应力值变化，指导工程施工、控制施工进度。
3 运营期监测，揭示坡体变形、预应力值变化情况，保障道路安全运营。
4 通过监测数据，统计分析其变形规律，指导类似工程建设。

11.3.2 监测内容：
路堑边坡或滑坡监测的适用方法和目的见表 11.3.2。

表 11.3.2 路堑边坡或滑坡监测的适用方法和目的

监测项目	监测方法	监测目的
地表沉降量	全站仪、光电测距仪	监测地表位移、变形发展情况
	水准仪	
	标桩、直尺或裂缝计	监测裂缝发展情况
地下位移监测	测斜仪	探测相对于稳定地层的地下岩体位移,证实和确定正在发生位移的构造特征,确定潜力在滑动面深度,判断主滑方向,定量分析评价边(滑)坡的稳定状况,评判边(滑)坡加固工程效果
地下水位监测	人工测量	监测地下水位变化与降雨关系,评判边坡排水措施的有效性
支挡结构变形、应力	测斜仪、分层沉降仪压力盒、钢筋应力计	支挡构造物岩土体的变形监测,支挡构造物与岩土体间接触压力监测
自动化监测	北斗系统、光纤预警系统及信息化平台	实时自动监测与预警;提高监测数据系统化管理与分析

11.3.3 监测方法和频率:

1 地表变形监测:

1)监测方法:滑坡裂缝变形、地表裂缝、建筑物变形、滑坡及高边坡变形观测可采用简易观测法。主要采用经纬仪、水准仪、全站仪、倾斜盘等仪器设备对坡体明显的变形部位进行直接观测。

2)监测频率:滑坡等应急抢险阶段监测频率,宜为 1 次/6h;应急抢险完成后的施工抢险阶段的简易观测为 1 次/d~1 次/3d(1 月内),后期宜为 1 次/10d~1 次/15d,持续降雨加密观测。

2 深部位移监测:

1)监测方法:采用测斜仪监测滑坡体深部位移。

2)监测频率。施工期 1 次/月,雨季 1 次/旬,持续降雨加密监测。

3 锚固工程应力监测:

1)监测项目与内容:预应力锚固工程监测见表 11.3.3-1。

表 11.3.3-1 预应力锚固工程监测

工作阶段	位置	监测内容	监测项目
施工阶段	锚杆体	锚杆工作状态及锚杆的施工质量	锚杆锁定拉力;锚杆伸长值;预应力损失
	锚固对象	加固效果	锚固体的位移及变化
运营阶段	锚杆体	锚杆的工作状态	预应力值变化
	锚固对象	锚固工程安全状况	锚固体的位移及变化

2)监测频率:锚固工程监测频率需满足规范与设计文件要求。锚杆张拉锁定后1次/1d(10d 内),1次/10d(30d 内);其后1次/月。监测过程中,如出现异常情况,应立即进行检查,处理完毕后,方能继续监测。监测成果及时整理,第一年内的监测成果作为工程验收的资料。

4 地下水监测:

1)监测方法:采用水位计和孔隙水压力计监测地下水。

2)监测仪器与频率:监测仪器:水位计、孔隙水压力计。监测频率:施工期1次/月,雨季1次/旬,必要时加密监测。

5 抗滑桩监测:

1)监测内容:桩顶位移监测、土压力监测、钢筋内力监测、混凝土应变监测及锚索载荷监测。

2)监测频率:抗滑桩监测项目监测频率见表 11.3.3-2。

表 11.3.3-2 抗滑桩监测项目监测频率表

监测项目	仪器埋设后的时段	埋设初期监测频率	施工期监测频率
钢筋应力	24h 内	3 次/d	1 次/旬
	2d~15d	1 次/d	
	15d~1 个月	1 次/周	
	1 个月之后	1 次/月	
混凝土应变	24h 内	3 次/d	1 次/旬
	2d~15d	1 次/d	
	15d~1 个月	1 次/周	
	1 个月之后	1 次/月	
土压力	24h 内	3 次/d	1 次/旬
	2d~15d	1 次/d	
	15d~1 个月	1 次/周	
	1 个月之后	1 次/月	
锚索应力	24h 内	3 次/d	1 次/旬
	2d~15d	1 次/d	
	15d~1 个月	1 次/周	
	1 个月之后	1 次/月	

11.4 高路堤稳定和沉降观测

11.4.1 监测目的：
1 通过监测揭示路堤变形情况，指导工程施工。
2 揭示路堤稳定状态，根据情况确定路堤防护工程措施。
3 控制工后沉降，指导后续工作的开展。

11.4.2 监测内容和方法：高路堤监测的适用方法和目的见表11.4.2。

表 11.4.2 高路堤监测方法

监测项目	仪具名称	监测目的
地表水平位移量及隆起量	地表水平位移桩(边桩)	用于稳定监控，确保路堤施工安全和稳定
地下土体分层水平位移量	地下水平位移计(测斜管)	用于稳定监控和研究，掌握分层位移量，推定土体剪切破坏位置，必要时采用
路堤顶沉降量	地表型沉降计(沉降板或桩)	用于工后沉降监控，预测工后沉降趋势，确定路面施工时间

11.4.3 观测点的设置如图11.4.3所示，数量及埋设按设计或合同文件要求。

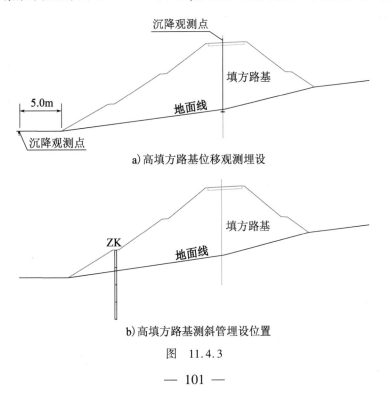

a) 高填方路基位移观测埋设

b) 高填方路基测斜管埋设位置

图 11.4.3

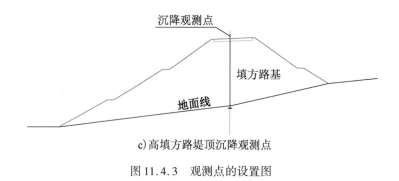

c) 高填方路堤顶沉降观测点

图 11.4.3 观测点的设置图

11.4.4 在施工期间应严格按设计或合同文件要求同步进行沉降和稳定的跟踪观测。在观测过程中,如出现异常情况,应立即进行检查,处理完毕后,方能继续观测。观测成果应及时整理,并作为工程验收资料归档。